人生を決断する！

武将〈サムライ〉の言葉1000

高橋伸幸

西東社

サムライとしていかに生き、いかに死ぬか

武将〈サムライ〉は、常に〝死〟を意識していました。
特に戦国時代は一〇〇年以上にもわたって、
全国各地で領土拡大のために戦いが行われました。
明日には、自分は戦いで死ぬかもしれない――
侍として生まれ、生と死が隣り合わせの時代だからこそ、
そこに名言が生まれてくる背景があったのです。

また幕末の動乱の時代には、欧米列強の脅威に対して、
どのように立ち向かっていくのか。
志士たちは日本の将来を案じて、
命をかけて行動を起こしました。

武士として、いかに生きるのか。
そして、いかにして死ぬか。
そこに武士たちの哲学が生まれ、
キラ星のごとく名言が誕生したのです。

本書では、第1章の平安・鎌倉時代から、
第2章戦国時代、第3章江戸時代、第4章幕末維新と、
時代順に歴史に名を刻んだ武将たちを選び出して、
その名言の数々を紹介しています。
また、名言の意味がすっとわかりにくいものについては、
その名言が語られた時に、
その武将はどんな状況にあり、どんな思いでいたのか、
言葉の背景にある物語を、簡潔に解説してあります。

また、限定された意味での武将だけではなく、
同時代の僧侶や文化人なども含まれています。
彼らの血の中には、武士の精神が遺伝子のように受け継がれ、
息づいているはずです。

いまの時代は、武士道という言葉や精神性も失われつつありますが、
消え去ったわけではありません。
平和な時代だからこそ、武士たちの生き様や死に様が
魂の奥に突き刺さり、生きる活力を与えてくれるはずです。
もう一度、武将〈サムライ〉たちの言葉に耳を傾けてみてください。
永遠に変わらない生きるための羅針盤が、
そこにはあると信じています。

ドッグイヤー
〔DOG EAR〕
胸に刺さる言葉が見つかったら、ココを折り曲げてしまいましょう。

解説
言葉を理解していただくための、語られた時の状況や意味についてのメモです。

時代
平安・鎌倉時代、戦国時代、江戸時代、幕末維新の４つの時代区分に分かれています。

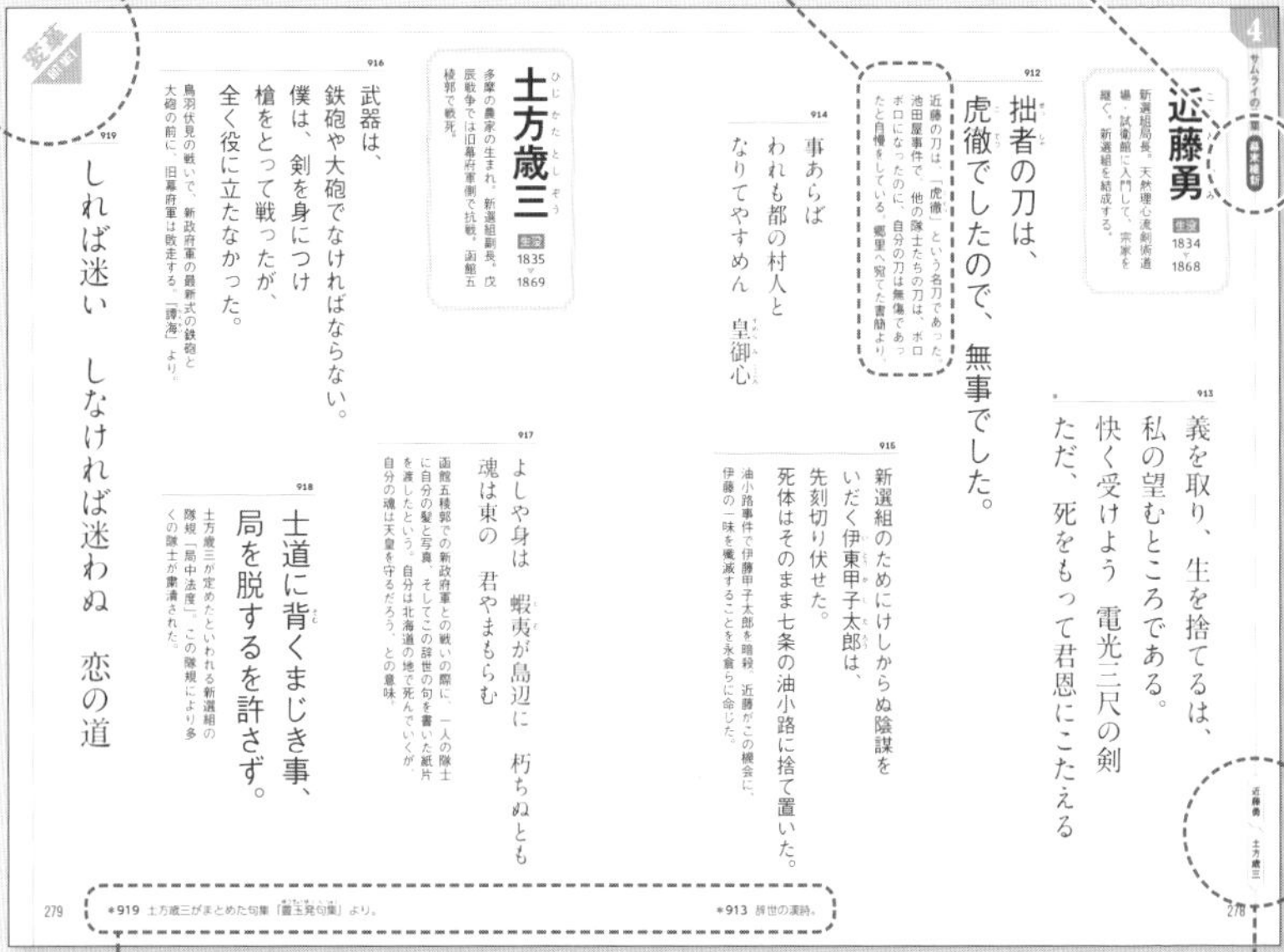
4 サムライの言葉 幕末維新

近藤勇《こんどういさみ》 生没 1834–1868
新選組局長。天然理心流剣術道場・試衛館に入門して、宗家を継ぐ。新選組を結成する。

912
拙者《せっしゃ》の刀は、
虎徹《こてつ》でしたので、無事でした。
近藤の刀は、「虎徹」という名刀であった。池田屋事件で、他の隊士たちの刀は、ボロボロになったのに、自分の刀は無傷であったと自慢をしている。郷里へ宛てた書簡より。

913
義を取り、生を捨てるは、
私の望むところである。
快く受けよう　電光三尺の剣
ただ、死をもって君恩にこたえる

914
事あらば
われも都の村人と
なりてやすめん　皇御心《すめらみこころ》

915
新選組のためにけしからぬ陰謀を
いだく伊東甲子太郎《いとうかしたろう》は、
先刻切り伏せた。
死体はそのまま七条の油小路に捨て置いた。
油小路事件で伊藤甲子太郎を暗殺。近藤がこの機会に、伊藤の一味を殲滅することを永倉らに命じた。

土方歳三《ひじかたとしぞう》 生没 1835–1869
多摩の農家の生まれ。新選組副長。戊辰戦争では旧幕府軍側で抗戦。函館五稜郭で戦死。

916
武器は、
鉄砲や大砲でなければならない。
僕は、剣を身につけ
槍をとって戦ったが、
全く役に立たなかった。
鳥羽伏見の戦いで、新政府軍の最新式の鉄砲と大砲の前に、旧幕府軍は敗走する。『譚海』より。

917
よしや身は　蝦夷《えぞ》が島辺に　朽ちぬとも
魂は東の　君やまもらむ
函館五稜郭での新政府軍との戦いの際に、一人の隊士に自分の髪と写真、そしてこの辞世の句を書いた紙片を渡したという。自分は北海道の地で死んでいくが、自分の魂は天皇を守るだろう、との意味。

918
士道に背《そむ》くまじき事、
局を脱するを許さず。
土方歳三が定めたといわれる新選組の隊規「局中法度」。この隊規により多くの隊士が粛清された。

919
しれば迷い　しなければ迷わぬ　恋の道

＊919 土方歳三がまとめた句集「豊玉発句集」より。　＊913 辞世の漢詩。

279　278

近藤勇／土方歳三

注釈　いっしょに読むと理解が深まる説明です。

人物　見開き２ページで紹介する武将の名前です。

ミニ特集　戦国時代の代表的な合戦や家訓、遺言の言葉など、武将のよりマニアックな世界に触れるコラムです。

特集　特集①人生、特集②こころ、特集③仕事、特集④人間関係の大きく4つのテーマですべての時代から言葉を集めてみました。

1 萌芽の章 平安・鎌倉時代 9

2 激動の章 戦国時代 53

3 熟成の章

江戸時代 169

4 変革の章

幕末維新 239

◎本書で紹介した言葉は出典として記載した書籍以外でも記述され、異なる表現がある場合もあります。また旧仮名づかいを現代仮名づかいに変更したり、趣旨を損なわずに現代語に翻訳しているケースもあります。
◎紹介した言葉の中には、現代では一部不適切と思われる表現があります。発表当時の時代的制約や作者の意図を考慮し、原作に忠実に紹介しているものがあります。差別等を助長する意図はなく、ご理解いただけますようご了承ください。
◎本書の編集にあたり参考文献以外にも各種の書籍、雑誌、資料、ウェブサイトなどを参考とさせていただきました。また多くの個人、団体、出版社にご協力をいただきました。深く感謝申し上げます。

1 萌芽〈HOUGA〉の章——平安・鎌倉時代

平将門《かど》[1]

斬られた我が五体は、
いづれのところにあるのか。
ここに来たれ。
首をつなげて、ひと合戦しよう。

＊1 南北朝時代の軍記物語『太平記』に記された言葉。関東の豪族である平将門は関東を制圧して、京都の天皇に対抗して自らを新皇《しんのう》と称した。しかし、藤原秀郷《ふじわらのひでさと》と平貞盛《たいらのさだもり》の連合軍に鎮圧されて、将門は京の七条河原で斬首となる。しかし、その首は何か月たっても腐らず目を見開き、夜な夜なこう叫び続けたので、京の人々は恐怖に陥ったという。**平将門⇒P11**

坂上田村麻呂《さかのうえのたむらまろ》

生没
758
▼
811

蝦夷《えみし》平定で活躍。桓武、平城、嵯峨の三天皇に仕え、征夷大将軍に昇進。

2

この方法で人を殺すことは、百万人でもたやすいことなので、ぜひ征討を命じてください。

桓武天皇は蝦夷《えみし》征討で困っていた時、田村麻呂が天皇の前で500人を集めて、太刀の刃に墨をつけて一振りした。するとすべての者の首筋に、墨がついた。その時に田村麻呂はこう言って、その後、征夷大将軍に任じられ、蝦夷を降伏させる。

藤原陳忠《ふじわらののぶただ》

生没
不詳

中流官人。文章生を経て、弁官・検非違使・信濃守などを務めた。

3

受領《ずりょう》は倒るるところに土をつかめ。

陳忠が信濃国の国守の任期を終え帰国する時に、馬と一緒に深い谷に落ちてしまった。しかし、やがて陳忠は平茸を籠一杯に詰めて登ってきた。つまり受領となって儲けようと思ったら、倒れてもただで起き上がるのではなく、あたりにある物は何でも持って起き上がれ、との意味。

藤原道長《ふじわらのみちなが》

生没
966
▼
1028

公卿。長兄道隆の嫡子と争って、政権を掌握。摂政・太政大臣となる。

4

この世をば 我が世とぞ思う 望月《もちづき》の 欠けたることも なしと思へば

5

影など踏まないが、面を踏まないでおくものか。

道長が少年のころ、父が従兄《いとこ》の頼忠《よりただ》の子公任《きんとう》の優秀さを褒めて、「自分の息子は公任の影さえ踏めないだろう」と言った。これに対して、道長は「顔を踏んでやる」と反発して答えた。

平将門《たいらのまさかど》

生没 ?▼940

豪族。朝廷に対抗して「新皇《しんのう》」を自称し、朝敵となる。藤原秀郷らと戦い敗死。

6

才能は、人によっては咎《とが》となり、人によっては喜びとなる。口に出した言葉は、四頭立ての速い馬車でも追いつかない。

7

帝《みかど》を打ちとりたてまつらん。

将門は反乱を起こし、関東地方を制圧。京都の朝廷に対抗して、自らを新皇《しんのう》と名乗った。

8

自身の行いを省みると恥ばかり多く、どうやって面目を施そうかと考えるばかり。

9

今の世の人は、必ず戦いに勝った者を君主と仰ぐものだ。

平清盛《たいらのきよもり》

生没 1118▼1181

平忠盛《ただもり》の長男。平氏棟梁。保元《ほうげん》の乱、平治《へいじ》の乱で勝利。太政大臣。

10

頼《より》朝《とも》の頭《こうべ》をはねて、わが墓前に置くべし。

清盛が、高熱に苦しみながら臨終の際に、源氏の源頼朝の首を取れなかったことが唯一の心残りであり、その首を墓前に置くことが、自分の供養になると言い残した。

11

そいつの首をすぐには斬るな。そいつの口を裂け。

鹿《しし》ケ《が》谷《たに》の陰謀で平氏打倒を企て捕えられた西光《さいこう》法師を、平清盛は口を裂き拷問にかけて惨殺した。

白河上皇《しらかわじょうこう》

生没 1053▼1129

第72代天皇。堀河天皇に譲位後は、上皇として政務をとった。

12

意のままにならないのは、賀茂川の水、双六《すごろく》の賽《さい》、山《やま》法《ほう》師《し》。

白河上皇による院政は43年間に及んだが、意のままにならないのが三つあったという。賀茂川は洪水が心配され、賽の目は同じ数字が出ない、そして比叡山延暦寺の僧兵による強訴《ごうそ》が頻発して、手に負えなかった。

平重盛《たいらのしげもり》

生没 1138▼1179

平清盛の長男。内大臣。保元・平治の乱で戦功を上げるが、病没する。

13

年号は平治、都は平安、我らは平氏、三つ同じだ。ならば敵を平らげよう。

平治の乱が勃発して平清盛を打倒するために源氏が挙兵した時に、重盛が平氏軍の士気を鼓舞するために言った言葉。

14

不孝の罪を逃れようと思えば、君に対しては不忠の逆臣となってしまうであろう。

父清盛と、後白河院との確執の中で、苦悩する重盛の言葉。

平時忠《たいらのときただ》

生没 1130▼1189

平清盛の妻時子の弟として、権勢を誇る。壇ノ浦合戦で源氏の軍に敗北。

15

平家の一門でない者は、みな人非人《にんぴにん》である。

平治の乱で源義朝《よしとも》を打ち破った平清盛は、平家の全盛時代をもたらした。時忠も、正二位権大納言に昇進する。そして時忠は、この暴言を吐くのだが、俗に「平家にあらずんば人にあらず」として知られている。

源平合戦《げんぺいかっせん》

1180（治承4）年から1185（元暦2）年にかけての6年間にわたる内乱。以仁《もちひと》王《おう》の呼びかけにより、各地で平清盛を中心とする平氏政権に対する反乱が起こり、最終的に、源頼朝を中心とした源氏が勝利。鎌倉幕府の樹立に至る。

源為朝《みなもとのためとも》

生没 1139▼?

保元の乱で、父為義と共に崇《す》徳《とく》上皇側につき、後白河天皇方と戦う。

16

清盛のヘロヘロ矢など、何ほどの事でもない。

保元の乱で、源為朝は崇徳上皇側につき、後白河天皇方の平清盛と戦う。

木曽義仲《きそよしなか》

生没 1154▼1184

源頼朝の従兄弟。一時、平家を都から追い出して入京を果たした。

17

日頃は何とも思わぬ鎧が、今日は重くなっているぞ。

源範頼《みなもとののりより》・義経《よしつね》からの攻撃を受けて、最期の合戦でもらした言葉。

18

同じ死ぬなら、よい敵と戦って、大勢の中で討死にしたいものだ。

斎藤実盛《さいとうさねもり》

武蔵の武将。保元・平治の乱では、源義朝から、平氏に仕えた。

生没 1111▼1183

19

親は討たれよ、子も討たれよ。その屍《しかばね》を、乗り越え乗り越え戦う。

1180年8月、富士川の戦いを前にして、東国の武者の戦いぶりについて、こう説明した。この話に平家軍は恐れおののいて、夜中に水鳥の大群が一斉に飛び立った音を源氏の夜襲と勘違いして、戦わず敗走した。

熊谷直実《くまがいなおざね》

平家に仕えていたが、源頼朝に臣従し御家人となる。

生没 1141▼1207

今井兼平《いまいかねひら》

木曾義仲の乳母子で義仲四天王の一人。木曽義仲に従い転戦。

生没 1152▼1184

20

日本一の剛の者の、自害する手本よ。

主君・木曽義仲が、粟津《あわづ》の戦いで討ち取られて、自害を覚悟。今井兼平はこう言って、太刀の切っ先を口に含み、馬からさかさまに飛び降り太刀に貫かれて亡くなる。

* 21

武芸の家に生まれて来なければ、どうしてこのような辛い目に会うことができようか。

一ノ谷の戦いで、敵将平敦盛《あつもり》を討ち取った時の言葉。

＊21 平敦盛との一騎打ちのシーンは、後に、能の演目『敦盛』や、幸若舞の演曲『敦盛』に取り上げられている。「人間五十年、下天の内をくらぶれば、夢幻の如くなり。一度生を受け、滅せぬもののあるべきか」は、熊谷直実の嘆きの言葉といわれ、織田信長がこよなく愛した。

那須与一《なすのよいち》

生没 不詳

須藤氏の一族。弓矢の達人で、屋島の戦いで扇の的を射当てた。

22

南無八幡大菩薩、我が国の神明、日光権現宇都宮、那須のゆぜん大明神、願わくはあの扇の真ん中を射当《いあ》てさせたまえ。

南無八幡大菩薩は、八幡神。日光権現宇都宮は、日光の二荒山《ふたらさん》神社、ゆぜんは那須の温泉神社。屋島の戦いで扇の的を射る際に、神様に祈った言葉。

平知盛《たいらのとももり》

生没 1152▼1185

平清盛の四男。平氏に対する反乱を鎮圧するため各地で戦う。壇ノ浦の合戦で自害。

23

見るべき程の事をば見つ。

壇ノ浦の合戦での最後に、「見届けなければならないことは、見届けた」といって、海に身を投げ自害する。

平時子《たいらのときこ》（二位尼《にいのあま》）

生没 1126▼1185

平清盛の正室。清盛亡き後、平家の家長たる存在となる。

24

浪の下にも都がございますよ。

壇ノ浦の合戦で平氏は、源義経軍に敗れ、時子は八歳の安徳天皇にこう言い聞かせて、抱えて海中に身を投じた。

源頼朝《みなもとのよりとも》

生没 1147▼1199

鎌倉幕府初代将軍。平治の乱後，伊豆に配流。挙兵して平氏を討滅する。

25

日本国第一の大天狗。

平清盛や木曽義仲、頼朝などを画策して利用してきた後白河法皇を評していった言葉。

26

それへ、それへ。

1180年、頼朝が平氏打倒のために挙兵して関東を平定。さらに富士川の戦いで平氏軍に勝利。そこに、奥州の藤原秀衡《ひでひら》を頼っていた異母弟・源義経が駆けつけてきて、久しぶりに再会する。頼朝は大喜びで、義経に上席に座るよう勧めたのである。

源頼政《みなもとのよりまさ》

生没 1104▼1180

武将・公卿。平清盛に仕えていたが、以仁王《もちひとおう》と平氏打倒を計画。

27

謀反を起こして、平家を滅ぼし、鳥羽院に押込められている心を和らげて、君も皇位におつきになるべきです。

以仁王に平氏打倒の令旨を書くように迫った言葉。

源《みなもとの》義《よし》経《つね》

源頼朝の弟。牛若丸。一ノ谷、壇ノ浦などの合戦で平氏に勝利。

生没
1159
▼
1189

28

願わくは、義経を
三十万騎の大将軍にしてください。
さもなくば、
私をこの箱根の山より西へ
越させないでください。

鞍馬から奥州を目指した際、三島明神に祈願した言葉。この時、十六歳であった。

29

戦は
ひたすら
攻めに攻めて、
勝つのが
面白いのだ。

30

雪が野原を埋めていても、
老いた馬は
道を知っているものだ。

一ノ谷の合戦で、「鵯越《ひよどりごえ》の逆落《さかお》とし」を決行する前に道に迷った時、義経がこう言って老馬に乗り、走らせた。

31

こんな大風大浪で、思いもよらぬ時に押し寄せてこそ、狙う敵を討てるのだ。

屋島の戦いで、強風のため船を出すことに水夫が反対するが、義経は激怒してこう言った。

32

恩賞を与えられるべきであるのに、大きな勲功を黙殺されて、犯した罪もないのにお叱りを受け、血の涙を流しております。

義経が、兄頼朝に送った腰越状《こしごえじょう》の一文。平氏を討ち果たしたにもかかわらず鎌倉に帰陣を許されず、義経は弁明の手紙を書いた。

33

それなら問題ない。疵口《きずぐち》が広いのがよいのだな。

義経は、藤原泰衡《ふじわらのやすひら》軍の襲撃を受けて、平泉で自害を決意する。その際、義経は家臣に自害の作法について尋ねて、その答えに対して義経はこう言って腹を掻き切り、見事な最期を遂げる。

弁慶《べんけい》

五条の大橋で義経と出会って以来、義経の重臣として戦功を挙げる。

生没 ?―1189

34

敵が驕《おご》り高ぶっているならば、自分は謙虚であれ、敵が卑屈になっているならば、自分は傲岸《ごうがん》になれ。

35

これも前世からの約束事であろう。それでは降参致します。

清水の舞台で、牛若丸に打ち倒された時の弁慶の言葉。

36

人間は重宝を千揃えて持つものだ。私は太刀千振りを人から取り上げて重宝としよう。

弁慶は、比叡山の修行僧であったが、乱暴が過ぎて追い出され、その後各地で、乱暴狼藉を繰り返す。そして、弁慶は京で千本の太刀を強奪する悲願を立てた。

37

主君が先立った時は、死出《しで》の山でお待ちください。弁慶が先立ち行った時は、三途《さんず》の川でお待ちしています。

弁慶が最期に義経に語った言葉。死出の山とは、死者が冥途へ旅立つ時の起点となる険しい山。この山道を七日間歩き、最初の裁判を受けた後、三途の川を渡る。

北条政子《ほうじょうまさこ》

生没 1157▼1225

源頼朝の妻。頼朝亡き後、幼い藤原頼経の後見となって実権を握る。

38

頼朝が朝敵を征伐し関東を草創して以来、官位といい俸禄《ほうろく》といい、その恩は山岳よりも高く、大海よりも深い。

承久《じょうきゅう》の乱で、後鳥羽上皇とその近臣は北条義時《よしとき》を追討する命令を諸国の武士に下した。これに対して、政子は集結した武士たちに感涙の演説を行った。

北条泰時《ほうじょうやすとき》

生没 1183▼1242

鎌倉幕府第三代執権。武士の基本法「御成敗式目」を制定。

39

京都あたりでは、物を知らない夷戎《えびす》どもが、書き集めたものと、笑われるかもしれない。

「御成敗式目」を制定して、京都に普及を指示した文書の中にある言葉。謙遜はしているが、式目制定の意義を説いている。

北条時頼《ほうじょうときより》

生没 1227▼1263

鎌倉幕府第五代執権。北条氏の独裁体制を確立。廻国《かいこく》伝説が生まれる。

40

味噌にて事足りなん。

時頼が酒を飲もうとして家臣を館に呼んだが、屋敷の中にあった肴は味噌だけだった。その時、時頼が言った言葉。質素な生活が窺える逸話。

41

業鏡《ぎょうきょう》高く懸《かか》ぐ三十七年、一槌《いっつい》打砕《ださい》すれば大道《だいどう》担然《たんぜん》たり。

辞世の偈《げ》。人間の生前の罪悪を映し出す鏡を高く掲げて、三十七年。これを一撃で打ち砕いて、人の正しい道が平坦に続いている、との意味。

元寇《げんこう》

モンゴル帝国とその属国である高麗《こうらい》王国が、二度にわたり日本に侵攻した戦い。一度目を文永《ぶんえい》の役（１２７４年）、二度目を弘安《こうあん》の役（１２８１年）という。弘安の役では約四千四百隻の元寇船が襲来したが、暴風雨に遭遇して多くが沈没した。

北条時宗《ほうじょうときむね》

生没 1251–1284

鎌倉幕府第八代執権。元寇を二度にわたり退けた。

42

御家人以下の軍兵たちは、守護の命に従って、防戦の忠義を尽くすべきである。

竹崎季長《たけざきすえなが》

生没 1246–?

鎌倉幕府御家人。『蒙古襲来絵詞』で自分の元寇での戦いを描かせた。

43

戦いの道は、先駆けをもって評価される。ただ突進せよ。

蒙古来襲時に、季長は手柄を立てて領地を獲得したいと思い、先駆けを果たした。

河野通有《こうのみちあり》

生没 ?–1311

異国警固番役。伊予水軍の将。弘安の役で戦功をあげる。

44

十年のうちに、蒙古軍が来なければ、異国に渡って合戦すべし。

異国警固番役を命じられて伊予から北九州へ向かう際に、この誓約を十枚書いて三島大明神に納め、さらにそれを灰にして飲むという儀式を行った。

足利家時《あしかがいえとき》

生没 1260▼1284

鎌倉幕府の御家人。足利氏当主で、足利尊氏の祖父。

45

わが命を縮めて、三代のうちに天下を取らしめたまえ。

家時が三十五歳の時、源氏の氏神である八幡大菩薩にこう祈願して、自害した。その三代後の尊氏の時に、天下を取ったのである。『難太平記《なんたいへいき》』より。

足利尊氏《あしかがたかうじ》

生没 1305▼1358

鎌倉幕府の拠点・六波羅探題を滅ぼす。その後、室町幕府を開く。

46

この世は夢のようなものである。

尊氏が清水寺に奉納した願文で、この世ははかない夢のようなものだから、はやく出家したいと祈願している。室町幕府を開く前の時期に、一線を退きたいと考えていた意外な言葉である。

＊47

文武両道は車輪のごとし。一輪欠ければ、人を渡さず。

＊48

他人の悪を能《よ》く見る者は、己が悪これを見ず。

＊47、48とも、尊氏が晩年に書き残した二十一箇条からなる『等持院殿御遺言書』の一節。

楠木正成《くすのきまさしげ》

建武の新政の立役者。湊川《みなとがわ》の戦いで足利尊氏の軍に破れて自害。

生没
?
1336

49

天下草創で
功を立てるには、
武略と智謀の
二つが必要である。

50

鶏鳴《けいめい》に起きざれば日暮に悔《くい》あり。
我が生命は主と親のもの。

『楠公家訓』に残した正成の言葉。他に、「礼厚くして人の非を咎《とが》めるな」など、守るべき日常の態度が記されている。

51

良将は戦わずして勝つ。

関東武者の宇都宮氏の軍が、わずか五百余騎を率いて正成のいる天王寺に進出してきた。家臣は、小勢なので一気に潰しましょうと言ったが、正成はこう言っていったん撤退する。そして天王寺の周囲にかがり火を焚かせた。宇都宮軍は、この火に怖気づいて天王寺から撤退。正成は戦わずして勝利した。

52

それでは、
寄せ手どもを
たぶらかせて、
居眠りを
覚ましてやろう。

正成は千早城に立て籠り、奇策を用いた。夜中に藁《わら》くずの人形を二、三十体作り、鎧兜を着せて、城の麓にたてた。そして夜が明ける頃、一度に鬨《とき》の声をあげて、幕府軍を混乱させ殲滅《せんめつ》した。

楠木正季《くすのきまさすえ》

生没 1305▼1336

楠木正成の弟。足利尊氏に湊川《みなとがわ》の戦いで敗北。兄と共に自刃。

53 ＊

正成一人がまだ生きていると、聞いたならば、聖運は必ず開かれるものと、思ってください。

後醍醐天皇が鎌倉幕府を打倒しようとして兵を挙げる。その時、笠置山の行在所《あんざいしょ》に参上した正成は、この言葉で勝利を誓った。その後、天皇は隠岐に配流となるが、正成によるゲリラ戦法で討幕に導いた。

54

罪業が深く悪い考えではあるが、われも同じように思う。さあ、共に人間に生まれ変わり、この本懐を遂げよう。

足利尊氏軍と戦い、自害する前に弟の正季に言った最期の言葉。

55

七たび、同じ人間に生まれ変わって、朝敵を滅ぼさん。

足利尊氏との湊川の戦いに敗れ、自害をする前に、兄・正成から何を願うかと質問されて、正季はこう答えた。

＊53 行在所とは、天皇が外出したときの仮の御所。

南北朝動乱《なんぼくちょうどうらん》

1336年、建武の新政にそむいた足利尊氏が京都に入り、持明院統の光明天皇をたて北朝を開いた。それに対し、後醍醐天皇は吉野に逃れて南朝を開く。1392年、吉野の後亀山天皇は将軍足利義満のすすめで、北朝の後小松天皇に譲位して南北朝が合一された。

新田義貞《にったよしさだ》

生没 1300頃 ▼ 1338

後醍醐天皇による建武新政樹立の立役者。足利尊氏と戦う。

56

潮《うしお》を万里の外に退けて、道を三軍の陣に開かしめ給え。

1333年、義貞が鎌倉攻めの際に、稲村ケ崎でこう祈ると、通行できなかった浜辺が二キロほど干潟《ひがた》になり広がり、鎌倉幕府を攻め滅ぼすことができた。

北畠顕家《きたばたけあきいえ》

生没 1318 ▼ 1338

鎮守府将軍。後醍醐天皇を守護し、足利尊氏と戦う。

57

書は言を尽くさず、言は意を尽くさず。

後醍醐天皇の政治を憂えて、意見書を上呈する。その結びの言葉。

58

近頃は朝《あした》に令して夕《ゆうべ》に改む。民衆は手足を休めることも出来ない。令を出しても実行しないのであれば、法はないのと同じである。

後醍醐天皇の朝令暮改を戒める言葉。

新田義貞
北畠顕家
高師直
新田義興
細川清氏

高師直《こうのもろなお》

生没 ?▼1351

高師泰《もろやす》の兄弟。執事。足利尊氏に従い戦功を立てる。

59

王はなくとも
不便はない。
もし不便だというなら、
木で造るか、
金属で鋳《い》て置くか、
二つのうちから
選べばいい。

権勢を誇り、傲慢になった師直が、天皇はいなくても幕府がすべて仕切っていると、大口をたたいた。

新田義興《にったよしおき》

生没 1331▼1358

新田義貞の次男。足利方と戦い、一時は鎌倉を占拠。

60 *

悔しいことだ。
日本一の非道の者どもに欺かれたことよ。
七生《しちしょう》までもお前たちのために生まれ変わり、
この恨みを晴らしてやろうぞ。

細川清氏《ほそかわきようじ》

生没 ?▼1362

二代将軍足利義詮《よしあきら》の執事。失脚後、南朝方へつく。

61

我が国日本に生まれて、清氏に一太刀でも
打ちつけられる者がいるとは思えぬ。

1362年、讃岐《さぬき》（香川県）に幕府側の清氏征伐軍が侵攻してきた。武勇に自信を持つ清氏は、一騎で城から駆け出して、こう言って大軍勢に突っ込んでいった。しかし、最期は敵兵に首を取られる。

＊60 多摩川の矢口の渡《わたり》で、幕府側の策略にかかり、船の上で自害した。

菅原道真《すがわらのみちざね》

貴族、政治家。宇多天皇に重用されて、醍醐朝では右大臣に昇進。

生没 845〜903

62

いまだかつて邪《じゃ》は正に勝たず

大宰府に配流された道真は、その時の心情を詩集『菅家後集』に詠んでいる。無実の罪で迫害を受けているが、謀反の悪名だけは晴らしたい、と言っている。

63

東風《こち》吹かば　にほひをこせよ　梅《うめの》花《はな》
主《あるじ》なしとて　春を忘るな

醍醐天皇が道真と出世を競い合っていた藤原《ふじわらの》時平《ときひら》の讒言《ざんげん》を信じて、道真を筑紫へ配流した。道真が自宅を出る時に詠んだ歌。

64

一《いち》栄《えい》一《いち》落《らく》是《これ》春《しゅん》秋《じゅう》

一度は栄え、一度は落ちる、それが世の中である、との意味。

65

悲しみの涙を湛《たた》えて、日本国を浸し滅ぼし、大海となって、八十年たった後、国土を建立して、わが住《すみ》家《か》とせん。

道真の生涯と北野天神創建の由来について描いた絵巻『北野《きたの》天神縁起《てんじんえんぎ》』（弘安本）の中にある道真の言葉。死後、道真は怨霊となり、雷神と化して御所を襲う。そして、日本国を滅ぼして自分の国土を創ってやると言っている。

西行《さいぎょう》

生没 1118▼1190

歌人。佐藤義清。二十三歳で出家して、諸国を遍歴。仏教観を基として独自の和歌を作る。

66

空《そら》になる
心は春の　霞にて
世にあらじとも
思ひ立つかな

西行が出家を決意した時の歌。心が空になるような感覚は、春の霞が立つようで、それで出家しようと思い立ったのである、との意味。

＊　67

歌の事は、花月に感動する時、
わずかに三十一文字《みそひともじ》を作るだけである。

68

にほてるや　なぎたる朝に　見渡せば
漕ぎ行く跡の浪だにもなし

『拾玉集《しゅうぎょくしゅう》』より。朝日に輝く琵琶湖を見渡して、無常観を詠んだ。西行が自ら生涯最高の一首と言っている。

69

願はくは　花の下にて　春死なむ
その如月《きさらぎ》の　望月のころ

満開の桜の下で、2月（旧暦）の満月の頃に、死にたいものだ、との意味。そして西行は1190年2月16日、七十三歳で願い通りに死を迎えた。『山家集《さんかしゅう》』より。

＊67『吾妻鏡』より。

鴨長明《かものちょうめい》

生没 1155▼1216

歌人。神職の生まれ。出家して閑居生活を送る。『方丈記』などを記す。

70

心の師とはなるとも、心を師とすることなかれ。

『発心集《ほっしんしゅう》』より。心を正しく導く師になっても、心のままに生きてはならない、との意味。

71

ゆく河の流れは絶えずして、しかも、もとの水にあらず。

『方丈記』の冒頭の言葉。仏教的な無常観を現している。

72

知らず、生まれ、死ぬる人、いずかたより来たりて、いずかたへか、去る。

73

財《たから》があれば恐れ多く、貧しければ恨み切なり。他人を頼れば、自分の身は、他人の所有物になる。人を育《はぐく》めば、自分の身は、その人への恩愛《おんない》に使われる。

吉田兼好《よしだけんこう》

生没 1283▼1352

随筆家、歌人。宮廷に出仕するが、出家。『徒然草』の著者。

74

百薬の長とはいえど、あらゆる病は酒より起こる。

『徒然草』の中で吉田兼好は、酔っぱらいは不快であり、泣いたり、喧嘩をする者までいて、来世は地獄へ堕ちるだろうと記す。しかし、一方では月見や花の下などで酒盛りをするのは、趣があり楽しいものである、と礼賛している。

75

万事、外部に向かって求めるべきではない。

『徒然草』の中の言葉。何事も外に向かって求めるのではなく、ただ自分の手元を正していけば、目標に到達すると言っている。

76

人の命は定まっていないからこそ、面白いのだ。

77

大欲は無欲に似ている。

吉田兼好は次のように言う。裕福になろうと思えば、無際限に起こる願望を押さえなくてはならない。そして金銭を神のように畏怖して、自分の意のままに使うことを禁止しなければならない。つまり、結果は貧富の区別がなく、無欲と同じことになる、との意味。

一休宗純《いっきゅうそうじゅん》

生没
1394▼1481

臨済宗の高僧。狂雲子と名乗り、奇行で、自由奔放な生き方をした。

78

借用申す昨月昨日、
返済申す今月今日、
借りていた
五つのものを
四つ返して、
本来の空に今戻る。

臨終の言葉。生きている間、借りていた五つ（地水火風空）のうち、四つ（地水火風）を返して空《くう》に戻る、との意味。

79

一休老人は
生まれつき、有り難いことが嫌いだ。
仏前の抹香の臭いにも、
無意識に鼻の穴がしかむのだ。

80 ＊

そもそもこの世で
夢でない時などなく、
骸骨でない人間などいない。
それを五色の皮に包んで、
男や女と呼んでいる。
息が絶えて皮膚が腐って破れると、
何もなくなってしまうものだ。

81 *

夢の中の美しい庭園で、
わしは美人の森に迷い込んでしまった。
枕元に漂う梅の花のせいだろう。
口いっぱいに清らかな婬水をふくんで、
黄昏の月明かりの下、
新たな歌をいかにしようか。

一休の晩年、傍には森女《しんじょ》という盲目の美女が仕えていた。その女性との情事を歌に詠んだ。『狂雲集』の「婬水」より意訳。

82 *

世の中でもっとも公平なのは、
ただ病苦である。
身分の高い人であっても、
まったく逃れられない。

83 *

わしは本来、
道に迷った生き物であったが、
あまりに迷いが深いため、
迷っていることに気がつかない。

84 *

人間が一生の間に
食べられる量は
定まっているものだ。
だから雑炊一椀に、みかん湯という
質素な食事で不足はない。

85

世の中の　生死《しょうじ》の道に　つれはなし
たださびしくも　独死独来《どくしどくらい》

人間は生まれてから死ぬまで、さびしくても一人で死んでいくほかない、との意味。『道歌《どうか》』より。

*80、81、82、83、84は、一休宗純の著書『狂雲集』より意訳。

世阿弥《ぜあみ》

能の大成者。将軍足利義満の庇護を受ける。後、佐渡国に流刑。

生没 1363▼1443

86 ＊

上手《じょうず》は下手《へた》の手本、下手は上手の手本であると心得て、工夫すべきである。

87

秘すれば花なり、秘せずば花なるべからず。

大事なことは秘密にすれば花になる。秘密にしなければ花にはならない、との意味。つまり、諸芸においては秘密にすることで、面白さ、めずらしさ、感動を生むと述べている。『花伝』より。

88

初心忘るべからず。

『花鏡《かきょう》』にある言葉。「初心」という言葉を、世阿弥はよく用いていて、いろんな意味を含んでいる。芸の道に入り修行の段階の未熟さのことや、年齢によって取得した芸に応じた初心、そして老後にも初心があるので、生涯初心を忘れないように、と言っている。

＊86『風姿花伝《ふうしかでん》』より。

山名宗全《やまなそうぜん》

室町時代の守護大名。応仁の乱の西軍の総大将。

生没 1404▼1473

89

例という文字を、今後は時という文字に変えるのがよろしいでしょう。

宗全が身分の高い公卿と会談した際、公卿が公家社会の先例を引き合いに出して話すのをみて、こう言った。先例というのは昔の事であり、公家が武家に天下を奪われたのも、時の流れであると、下剋上の風潮を語ったという。

夢窓疎石《むそうそせき》

臨済宗の高僧。京都の天竜寺、山梨県の恵林寺などを開山。

生没 1275▼1351

90 ＊

仏界の相を愛すれば即ち魔界なり。魔界の相を忘れずば即ち仏界なり。真実修行の者は、仏界をも愛せず魔界をも恐れず。

91 ＊

今生の夢のような名利《みょうり》を祈るよりは、来世での最高の悟りを得るよう祈ることを勧めます。

＊90、91 足利尊氏の弟直義に語った『夢中問答《むちゅうもんどう》』より。

人生

人生とは

92

およそ人は一生のうち三段の変わり目がある。まず十七、八歳の時は友に従って悪くなることがある。三十歳の時分は物事に慢心が生じて、功労の者を何とも思わぬ心が生まれる。四十歳の時分は物事に退屈し、不平・不満が出る。この三度の節目で変わらない者が良き人である。

徳川家康 ⇓P84

93

自分が思っているよりも案外悪いことをし、自分で思っているよりも案外愚かなことをし、自分で目指しているよりも案外成功しないものである。

福沢諭吉 ⇓P288

出典／『現代語訳　学問のすすめ』福澤諭吉　齋藤孝訳　ちくま新書

94

諸君は必ず失敗する。成功があるかもしれないけれども、成功より失敗が多い。

早稲田大学の前身・東京専門学校の卒業式兼創立十五周年祝典において大隈重信が話した言葉。失敗に落胆せず、失敗で大切な経験を得ると語っている。

大隈重信 ⇓P290

95

自ら楽しみ、人を楽しませて、
人の道を行うことが、
人として生まれてきた甲斐がある。

貝原益軒 ⇒P204

96

世の中は
食うて稼いで
寝て起きて
さてそのあとは
死ぬるばかりぞ

一休宗純 ⇒P32 ＊

97

二十歳以後、身分のいやしい男であるが、
藩に繋がりがあることを知る。
三十歳以後、日本に繋がりがあることを知る。
四十歳以後は、世界に繋がりがあることを知る。

佐久間象山 ⇒P285 ＊

＊96『道歌』より。＊97 自著『省諐録』より。

人生

勝負

98

死なんと思えば生き、生きんと戦えば必ず死するものなり。

上杉謙信 ⇓P110

99

志があれば、水も酒だと思える。

馬場信房 ⇓P123

100

刀脇差は、これで死ぬためのものだと思え。これで生きると思えば、人に後れをとるものだ。

黒田長政（黒田官兵衛の嫡男）

101

多人数との戦いにおいても、敵は強いものと思いこんで、大事をとって消極的になるものである。しかし、よい人数をもち、兵法の道理をよく知り、敵に打ち勝つところをよく心得ていれば、心配すべきことではない。

宮本武蔵 ⇓P170

102

たとえ予の息子が蘇生し、予の足下に平伏し、多くの涙を流し、父の慈愛にすがってこの企てを断念するように嘆願しても、けっして聞き入れはせぬ。

イエズス会の宣教師、ルイス・フロイスが記した著書『日本史』の中で、秀吉が言っている言葉。嫡子鶴松が三歳で死に、自分にはもう子どもができないと諦めて、関白を養子の秀次に譲った。そして強大な軍勢を率いて中国を征服し、自分の名を後世に残すことを決意した。鶴松の死が、それほど秀吉にとってかなしい出来事だったのである。

豊臣秀吉 ⇒P66

103

八分の勝ちは、危うい。九分、十分の勝ちは、味方が大負けする下作である。

六、七割の勝利で、十割の勝利とするのがいいと、勝ち過ぎを戒める。

高坂昌信 ⇒P122

人生

チャンス

104

機会は魚群と同じ。
はまったからといって
網を作ろうとするのでは、
間に合わず。

岩崎弥太郎 ⇒P292

105

天下に事をなす者は、
腫れ物が
よく腫れたころを
見計らって、

106

得ることが
難しく、
失いやすいのは
時である。

吉田松陰 ⇒P246

針を刺して
膿を出すものだ。

＊
坂本龍馬 ⇓P240

107

よくよく
天下のことを
考えてみると、
功名を成し遂げ
富貴《ふうき》を取るには
今が最も良い機会だ。

三十代となった早雲は、「関東八州の土地を攻め取れば、天下を取れる」と、代々、領有していた岡山県井原市の土地を売り払い仲間六人と駿河に進んだ。

北条早雲 ⇓P108

108

僥倖《ぎょうこう》の機会を
頼りにしてはならない。
真の機会は、
理をつくして、
勢いを明確にして
自ら動くところにある。

西郷隆盛は、機会には二種類あるという。偶然に得られた幸運である僥倖と、自分が引き起こす機会である。大事をなす時は、偶然のチャンスを当てにしてはならないという。

西郷隆盛 ⇓P258

109

回り道をすることが、
近道だということがある。
危険な道には、予期しない失敗が
待っているものだ。

上杉景勝 ⇓P113

＊105 1864年6月28日付、坂本乙女宛て書簡より。

人生

明日を切り開く

110

心が高尚でなければ、
働きもまた、
高尚な結果が得られない。

福沢諭吉 ⇓P288

111

周りの者が皆、善を為すのならば、
我は一人悪を為す。
天下の事もすべて同じである。

坂本龍馬 ⇓P240

112

一事を必ず成就しようと思ったら、
他の事の破れるのを決して案じてはならない。
他人の嘲笑も恥とするには及ばぬ。

吉田兼好 ⇓P31

113

おれはただ
行うべきことを行おうと
大決心をして、
自分で自分を殺すような
ことさえなければ、
それでよいと
確信していたのさ。

江戸無血開城を振り返って言った言葉。

勝海舟 ⇓P266

114

祈るも天道、祈らないのも天道であるが、私は祈る。

歴史に名を残した十人のうち九人は、祈ることで迷いと対決した。祈れば果報があるとは限らないが、それでも自分は祈る。十七歳の時、虚空蔵求聞持《こくうぞうぐもんじ》法《ほう》を修すると決心した時の言葉。

三好長慶《みよしながよし》（畿内と四国の阿波を支配した戦国大名）

115

人は一代、名は末代なり。

大久保忠教が書いた『三河物語』の中の言葉。人の命は短くてはかないものだから、いつまでも残る名誉・名声は大事にせよと説く。

大久保忠教 ⇓P98

116

目を開け、耳を開かなければ、何事も行われない。

河井継之助 ⇓P275

人生

逆境にある時

117

地下百尺底《ひゃくしゃくてい》の心をもって事に当たる。

土の中深く埋められているような心境で物事に取り組まなければ、何も成功しない、との意味。

河井継之助 ⇓P275

118 *

平生《へいぜい》はむろん、どんな難局に陥っても、困ったという一言だけは断じて言うなかれ。

高杉晋作 ⇓P250

119

苦しみが非常に大きければ、その後の喜びもまた非常に大きいものがある。苦しみが小さければ、楽もまた少ないものだ。

吉田松陰 ⇓P246

＊118 田中光顕著『維新風雲回顧録』より。

120

わざわいというものは、
もともと福の裏返しにすぎず、
福と禍《か》は一筋の縄にすぎないと
わしは信ずる。

一休宗純 ⇒P32

121

道が窮《きわ》まったかのようで、
他に道があるのは世の常である。
時のある限り、人のある限り、
道が窮まるという理由はない。

大隈重信 ⇒P290

122

道を実践しようとする者は、
困苦《こんく》にあうのは
はじめから決まっている。
だから、どんな
艱難《かんなん》にあっても、
事の成否や
わが身の生死などは
問題にならない。

西郷隆盛 ⇒P258

人生

運、不運

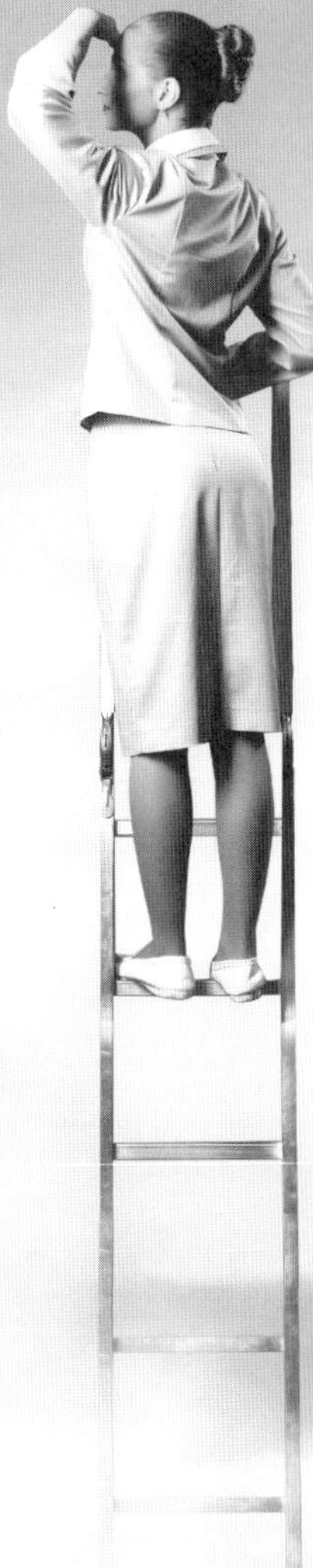

123

長い一生では、何度も
浮き沈みがあることは明らかなこと。
この道理が分かれば、
これまでの幸福も喜ぶには足らず、
今の不幸も悲しむことはない。

西南戦争の際、土佐立志社と政府転覆計画に加わったとされて、投獄された。妻亮子に手紙を何通も書いた。その中の一文。

陸奥宗光 ⇓P264

124

下がった相場も、
いつかは上がるときが
あるものさ。
その上がり下がり
十年間の辛抱ができる人は、
すなわち大豪傑だ。

勝海舟 ⇓P266

125

さてもさても人間の一世は、
合点の行かぬはもとよりのこと、
運の悪い者は風呂より出でんとして、
金玉をつめわりて、死ぬる者もあり。

坂本龍馬 ⇓P240

126 *

戦場に出ても、
決して無暗に鉄砲玉が
当たるものではない。
死ぬも生きるも、
その場合の運命である。

大村益次郎
(長州藩の医師、日本陸軍の創始者。長州征伐や戊辰戦争で長州軍を指揮する)

127

時の運を恐れるべきである。
去年盛りを迎えた花は、
今年は咲かないこともあるのを
知っておくべきである。
短い間にも、運が良い時と悪い時がある。

世阿弥 ⇓P34

128

運は天にあり

信長に反旗を翻した時の言葉。

荒木村重 ⇓P63

129

相手ばかりか、
わが身をも信頼しないでいれば、
好い時は喜び、悪い時も恨まない。

吉田兼好 ⇓P31

*126『大村益次郎先生事績』より。

人生

挫折

130

小さな国ではあっても、
都の近くにいれば、
天下に号令する望みもあった。
いくら大禄《たいろく》をもらっても
遠国《えんごく》にいては、
天下人への望みもかなわない。
それで思わず
涙が流れたのだ。

1590年、秀吉が小田原征伐を終えた後、蒲生氏郷に会津42万石を与えた。氏郷は悔し涙を流したという。秀吉に代わり、天下を取ろうとしていたのだ。

蒲生氏郷 ⇒P79

131

末代まで不義不道の者と言われて、
人に後ろ指を指されているのは、
人でありながら畜生にも劣るということではないか。

秀家は、関ケ原の合戦に敗れて、八丈島に流された。そこで八十四歳で亡くなるまで、長い流人生活を送った。

宇喜多秀家 ⇒P137

132

涙を抱えて、
沈黙すべし。

脱藩して、禁門の変に参加して、負傷する。その間、所属していた土佐勤王党への弾圧が強まり、同志に宛てて手紙を書いた中の言葉。

中岡慎太郎 ⇒P243

蒲生氏郷
宇喜多秀家
中岡慎太郎
吉田松陰
西郷隆盛
大隈重信
高杉晋作

133

たとえ仁がある人から非難を受けたとしても、狐が死に際して、自分が住んでいた丘に首を向けるというように、本来の正しい志を忘れずに成し遂げよう。

吉田松陰 ⇓P 246

134

吾四十になんなんとして、南嶼《なんしょ》釘門《ていもん》の中。夜坐して厳寒に苦しみ、星めぐりて歳律《さいりつ》窮《きわ》まる

沖永良部《おきのえらぶ》島へ流罪となった時に作った詩。四十歳になり、南の島に幽閉されて、夜は厳寒に苦しみながら、大晦日になろうとしている。

西郷隆盛 ⇓P 258

135

人の志操《しそう》は、失意の時に真にして、人の情好は、失意の時に密なるものである。

大隈重信 ⇓P 290

136

男児が事をなすには時があるたとえ市井《しせい》の侠客《きょうかく》と呼ばれても一片の素心《そしん》はいまだ変わっていない

高杉は騎兵隊を結成するが総監を罷免され、その後、脱藩して謹慎処分になり、野山獄に投獄された。雌伏の時でも、自分の心は捨てないとの決意を示した。

高杉晋作 ⇓P 250

人生

学ぶ

137

学問は乞食の持つ袋のように、ことごとく貯《たくわ》えるべきである。

乞食の持つ袋とは、何でも貪欲に貯め込むもので、つまり博学多識であれという。

＊

細川幽斎

（室町幕府十三代将軍・足利義輝に仕え、その後、信長、秀吉、家康の重臣として仕える）

138

少しの暇があれば、本や文字の書かれている物を懐に入れて、常に人目を忍んで見るようにせよ

家臣の心がけを『早雲寺殿廿一箇条』の家訓として残した中の一つ。

北条早雲 ⇓P108

139

物の本を読むことは、身を正しくせんためなり。

山岡鉄舟 ⇓P270

140

学問は、人が人である所以《ゆえん》を学ぶものである。

吉田松陰 ⇒P246

141

やすきがごとくして難きは、ただ勤学の二字にござ候。

養父玄斎に宛てた書簡より。

高野長英（蘭学者、医者。蛮社の獄で投獄される）

142

およそ学問は必ず積累《せきるい》を以《もっ》てす。一朝一夕の能《よ》く通暁《つうぎょう》するところにあらず。

学問は日々の蓄積が大事であり、一朝一夕には身につかない。『省諐録』より。

佐久間象山 ⇒P285

143

少にして学べば、すなわち壮にして成すことあり。壮にして学べば、すなわち老いて衰えず。老いて学べば、すなわち死して朽ちず。

佐藤一斎 ⇒P277

144

活《いき》学問は、まず横に寝て、自分のこれまでの経歴を顧み、これを古来の実例に照らして、しずかにその利害得失を講究するのが一番近道だ。

勝海舟 ⇒P266

＊137 乞食は不適切な用語ですが、当時の作者の意図を考慮し、原文に忠実に紹介しています。差別等を助長する意図はありません。

出典
平安・鎌倉時代

『平家物語《へいけものがたり》』

鎌倉時代に成立した平家の栄華と没落を描いた軍記物語。保元の乱・平治の乱での平家の勝利から、源平の戦い、そして平家の滅亡までの人間模様を描き出している。「祇園精舎《ぎおんしょうじゃ》の鐘の声……」の有名な書き出しで始まる流麗な名文。口承で伝承してきた語り本と、読み物として増補された読み本の２系統が現存する。

『太平記《たいへいき》』

日本の歴史文学の中では最長の作品で、全四十巻からなる。南北朝時代を舞台に、後醍醐天皇の即位から、鎌倉幕府の滅亡、建武の新政とその崩壊後の南北朝分裂、そして足利義満の将軍職就任までの約五十年間の戦乱を書いている。作者は未詳。数次にわたって増補改編されている。戦いの様子を殺伐としたリアルな筆致で描いている。

『義経記《ぎけいき》』

源義経を中心に書いた軍記物語。室町時代初期に成立したと推定される。死後二百年以上経ってからの成立であるため、史伝物語とされる。前半では源義経の幼少年時代の修行や弁慶との出会い、奥州下り、平家討滅の戦いを追っていき、その後、頼朝に追われて奥州平泉の高館で自害するまでを記す。

『吾妻鏡《あづまかがみ》』

鎌倉時代に成立した日本の歴史書。１１８０（治承４）年、以仁王の令旨が伊豆の北条館に届くところから始まり、１２６６（文永３）年、第六代将軍・宗尊親王が将軍を辞官するところまでの八十七年間の事績をまとめている。鎌倉幕府の六代の将軍記という構成。全五十二巻（第四十五巻欠）。編纂者は幕府の複数の者と見られる。

2 激動〈GEKIDOU〉の章——戦国時代

織《お》田《だ》信《のぶ》長《なが》

145

人間五十年、
下《げ》天《てん》のうちをくらぶれば
夢《ゆめ》幻《まぼろし》のごとくなり
ひとたび生をうけ
滅せぬもののあるべきや。

＊**145** 信長が桶狭間《おけはざま》の戦いに出陣する直前に、舞い歌った幸若舞《こうわかまい》の演目「敦盛《あつもり》」の一節。人間は、「人の世」の意味で、人間の寿命が50年と誤解されている。人の世の50年は、仏教における六欲天の最下位にある下天界と比べてみても、わずか一昼夜にすぎないほど短い。人の一生はそれほど儚《はかな》いものだから、悔いがないように存分に生きるべきであるとの覚悟が込められている。**織田信長⇒P54**

織田信長《おだのぶなが》

尾張を統一。今川義元を討ち取り、足利義昭を奉じて上洛する。本能寺の変で討たれた。

生没 1534▼1582

146

器用というのは、他人が欲しがっていない物を与える、つまり他人の思惑の逆をすることだ。

147

たとえ一銭でも盗む者は、死罪にする。

信長が上洛した時、京都の治安を確保するため自軍にも厳しい掟を課した。都の人々は〝信長さまの一銭斬り〟と呼んだ。

148

たとえ小さくてもこの蛇は猛毒を持っている。

ある時、庭に出てきた蛇を見つけて、信長は掴んで振り回した。小さいからと言って馬鹿にすると、噛まれて毒が回る。この信長も猛毒を持っているぞ、と話した。

149

人は、心と気を
働かすことをもって
良しとするものだ。

＊150

人
城
城を頼らば
人を捨てん。

151

日々鍛錬する武辺は、
生まれながらの武辺より勝っている。

＊152

この乞食のため、
麦のできる時に麦を一度、
秋には米を一度、一年に二度ずつ、
この者が安心できるように、
少しずつ与えてやってほしい。

信長のやさしい一面がうかがえる逸話。信長が山中宿を通る時に、体が不自由な者が雨露に打たれて物乞いする姿を、たびたび見ていた。そこで信長は次に京都に向かう時、木綿二十反を持って山中宿に行き、町のすべての者を集めた。そして木綿二十反を物乞いの者に与えて、「誰かこの反物十反で、家の隣に小屋を作ってやって欲しい」と呼びかけた。さらに、物乞いが餓死しないように食べ物を与えて欲しいと頼んだ。信長のありがたい言葉に、町の者は皆涙を流したという。

＊150 信長は、勝幡城から始まり、清州城、小牧山城、岐阜城、安土城と城を変えた武将。城の力に頼るなとの意味。『織田信長譜』林羅山編より。＊152 乞食は差別用語ですが、『信長公記』の表記のまま使用しています。

153

とにもかくにも私を崇敬して、影を見たとしても悪く思ってはならない。私の方に足を向けない心がけでいることが肝要である。

154

かまきりが斧《おの》で龍車に向かってくるようなものだ。

美濃の斎藤義龍が送り込んだ暗殺者に対して、信長はこう言うと、暗殺者はすごすごと逃げ帰った。

155

人間の生まれた国がどこにもないのは、おかしい。さては化け物に違いない。それなら焼き殺してしまおう。

奇特秘法を行うという噂の無辺《むへん》という客僧を、安土城へ呼んだ。信長はその僧に「生まれた国」を聞いたところ、「どこでもない」という。奇特を見せることもできなかったので、信長は僧を成敗した。

156

であるか。

信長が若い頃、舅となる斎藤道三と初めて対面し、道三の重臣が主君を紹介すると、それに対して信長は「であるか」と一言答えた。「蝮《まむし》」と恐れられていた道三に対して、横柄な態度にもみえる言葉で恐れることなく対峙して、道三を感心させた。

157

先車《せんしゃ》の覆《くつがえ》る例を見て、後車《こうしゃ》の戒《いまし》めにしよう。

信長が徳川家康と同盟する際に、平清盛と源義朝の例を出して、両雄が滅びたのは手を結ばずに争ったからだと家康に話した。

158

天下のことは、信長に任せられたのであるから、たとえ誰であっても（義昭の）上意を得る必要はなく、信長の一存で処置をする。

信長が、将軍足利義昭に承認させた掟の中の一つ。義昭の権力を制限した。

159

舞楽は金銀を費やすばかりか、家業を忘れさせて、国が乱れるもとである。大将が好んでこれを楽しむものではない。

息子・信忠が能が達者であることを聞いて、叱責した。

信長《のぶなが》の合戦《かっせん》

信長は十九歳で家督を継ぐと、本能寺の変で倒れるまで合戦の連続だった。初陣は、1552年、赤塚の戦い。1560年、今川義元を討ち取った桶狭間の戦いで、天下取りへと躍進。1575年、長篠の戦いでは、武田勝頼軍を鉄砲の大量使用によって壊滅させた。

桶狭間《おけはざま》の戦い

1560年／信長が二五〇〇の兵で、今川義元《いまがわよしもと》二万五〇〇〇の大軍と桶狭間《おけはざま》で戦い、義元を討ち取った。

160 ＊

小勢だからといって、大敵を恐れるな。運は天にある。戦いに勝てば、この場に残ったものは家の面目《めんぼく》、末代までの高名《こうみょう》である。

161

死のうは一定《いちじょう》、しのび草には何をしよぞ、一定語りおこすよの。

「人は死ぬのは必定だ。だから自分の死後も語り継がれるために何をするべきか、きっとそれを語り継いでくれるだろう」桶狭間合戦の時、この小唄を唄った。

162

すわ、かかれ、かかれ。

信長軍が桶狭間に進軍すると、豪雨と雹が降ってきた。そして、雨が止むと信長は鑓《やり》を手に取り、大音声でこう突撃を命じた。

＊160 戦いを前に、味方を叱咤し、檄を飛ばした。

長篠《ながしの》の戦い

1575年／織田信長・徳川家康連合軍と武田勝頼軍が、設楽原《したらがはら》で戦う。信長の鉄砲を大量に使用した戦術で、武田軍は壊滅する。

163

今度の戦いで武田軍がこんなに近くに布陣しているのは、天の恵みである。ことごとく討ち果たしてくれる。

設楽原の連吾川を挟んで、両軍が向かい合った。

比叡山焼《ひえいざんや》き討ち

1571年／比叡山延暦寺《ひえいざんえんりゃくじ》を焼討して、僧侶や子どもまで数千人の首を斬った。

164

私に味方するならば、山門領などを元のようにお返ししよう。それができないならば、中立を保ってほしい。もしどちらも尊重しないならば、根本中堂・山王二十一社をはじめ、堂塔ことごとくを焼き払う。

堂洞合戦《どうほらがっせん》

1565年／織田信長軍が斎藤龍興《たつおき》方の岸信周《きしのぶちか》の堂洞砦を攻め落とした戦い。

165

塀ぎわへ詰め寄ったならば、松明を各自持って、四方から投入れろ。

堂洞砦は三方が谷で、東の方だけが丘になっていた。風が強く吹いていたため、火攻めにして二の丸を焼き崩した。

本能寺《ほんのうじ》の変《へん》

1582（天正10）年、6月2日、家臣明智光秀が謀反を起こして、京都の本能寺に宿泊していた織田信長を襲撃して、信長が自刃した事件。信長の嫡男信忠も、二条新御所で戦ったが、自害した。その後、光秀は、羽柴秀吉に山崎の戦いで敗れた。

166

わが敵は本能寺にあり。

1582（天正10）年、光秀は信長から備中高松城を包囲している秀吉の援軍に向かうように命じられた。そのため一旦、領地の丹波亀山城に戻り、出陣する。ところが沓掛《くつかけ》の分かれ道で、全軍に戦いの目的を明かした。

明智光秀 ⇒P64

167

女はくるしからず、急ぎまかり出でよ。

信長は、明智軍と一戦した後、奥の部屋に入り、女性たちに対して急いでこの場から脱出するよう命じた。女性たちを戦いに巻き込ませたくないという信長の潔さを感じさせる。

織田信長 ⇒P54

168

城介《じょうのすけ》（織田信忠）が裏切ったのか。

『三河物語』によると、変が勃発した時、信長は京都の妙覚寺に宿泊していた嫡男・信忠の謀反を疑いこう言った。

織田信長 ⇒P54

169

信長公は勇将であるが、良将ではない。剛をもって柔に勝つことを知ってはおられたが、柔が剛を制することをご存じなかった。

本能寺の変の後に、信長を評して、これが光秀が謀反を起こした原因だと、秀吉は言った。

豊臣秀吉 ⇓P66

170

このような謀反を起こすほどだから、敵はやすやすと逃しはしないだろう。雑兵の手にかかって死んでは、後々まで言われて、無念である。ここで腹を切ろう。

信忠は、光秀が謀反を起こしたと聞くと、妙覚寺から立て籠もるのに堅固な二条新御所に移った。そして軍議を開き、いろんな意見が出る中で信忠はこう言って自害する覚悟を決めた。

織田信忠（信長の嫡男）

171

是非に及ばず。

織田信長の最期の言葉。側近の森蘭丸《もりらんまる》から、謀反を起こしたのは明智光秀と聞いた時に、この一言をつぶやいた。光秀が謀反を起こすのはやむをえない、という意味なのか、いろいろ解釈できる。

織田信長 ⇓P54

信長家臣

柴田勝家《しばたかついえ》

生没
1522
▼
1583

織田信行から信長に仕える。賤ヶ岳の戦いで秀吉に敗北。

172

城の水、わずかにこればかりなり。いまだ力の疲れを知らないうちに必死の戦いをしようではないか。

1570年、六角氏が勝家の籠城する長光寺を包囲。水の便が悪いため、渇死の危険があった。しかし、勝家は水が入っている甕《かめ》を叩き割り、兵に「攻めるしかない」と檄を飛ばした。後に、「瓶割《かめわり》り柴田」の渾名《あだな》がついた。

173

先人の大将となった者は、権限を与えられなければ命令を下すことはできません。

信長が勝家に先鋒を命じたが、こう言って断った。

滝川一益《たきがわかずます》

生没
1525
▼
1586

織田四天王の一人。前橋城主。関東方面軍の司令官。

174

家臣は鶴を羨《うらや》ましがらず、雀であることを楽しめ。

鶴は大名であり、外敵を絶えず警戒しなければならない。しかし雀は家臣であり無邪気に楽しんでいればいいのだ。

森《もり》 蘭《らん》丸《まる》

生没 1565▼1582

織田信長の近習。本能寺の変で信長と共に討ち死に。

175

明智光秀はかならず謀反を起こします。

食事の席で光秀がほとんどものを食べず、考え事をしていた。それを見た蘭丸は、光秀が重大なことを決意しているから注意をするように、信長に促した。

176

爪《つめ》が一つ足りません。

ある日、信長が爪を切り、蘭丸に捨てるように命じた。ところが蘭丸はすぐに捨てずに「爪が一つ足りません」と言った。信長は笑いながら隠していた爪を一つ出した。信長は、蘭丸の気配りや才智を、高く評価していた。

佐々《さっさ》成政《なりまさ》

生没 1536▼1588

織田信長に仕え、富山城主となる。後、秀吉に仕える。

177

かくばかり　かわり果てたる世の中に　知らでや　雪の　白く降るらん

一時、成政は柴田勝家につき、秀吉と対立する。家康に助けを求めて「さらさら越え」をするものの、家康の説得に失敗し、世の中の流れが速いことを知り、歌に詠んだ。

荒木村重《あらきむらしげ》

生没 1535▼1586

信長に仕え伊丹城主となる。後に、反旗を翻した。

178

窮鳥《きゅうちょう》 懐《ふところ》に入るを殺さざるは人の心なり。

1577（天正5）年、村重は織田信長に対して謀反を起こす。友であった秀吉は村重を説得しようとする。そこで家臣は、秀吉を殺すことを提案するが、村重はこう答えた。追い詰められた小鳥が懐に入ってきたが、殺さないと思うのが人の心である。

明智光秀《あけちみつひで》

生没 1528 ▼ 1582

織田信長の重臣となるが、本能寺の変で信長を討つ。羽柴秀吉に山崎の戦いで敗れる。

179

仏の嘘は方便といい、武士の嘘は武略という。これをみれば、土民・百姓は可愛いものだ。

僧侶が言ったことや、武士が言ったことに、嘘が混じっていたとしてもそれは世のための方便であり、武略のためとされる。これに比べると、農民が税を逃れるためにつく嘘などは、かわいらしい次元で大きな問題ではない、との意味。

180

ときはいま 雨がしたしる 五月かな

愛宕山で催した連歌で、光秀が天下を取る意志を宣言したと言われる発句。

＊ 181

近年、信長に対して憤りを抱き、その遺恨も忍耐できなくなってきた。今月二日、本能寺において信長父子を誅殺して目的を達したのである。

182

私の給与は、ほとんど名のある武士に注いでおります。

ある時、信長は稲葉という武将の家来だった斎藤内蔵助を、稲葉に返してやれ、「なんのためにお前に高い給与を出しているのだ」と光秀に命じた。光秀は落ち着いて、給与は内蔵助のような人材を集めるために使っている、と答えた。

＊181 小早川隆景に送った書状より。

前田利家《まえだとしいえ》

生没 1539▼1599

織田信長、豊臣秀吉に仕える。豊臣政権の五大老の一人。加賀百万石の礎を築く。

183

ともかくお金を持てば、人も世の中も恐ろしく思わぬものだ。逆に一文なしになれば、世の中も恐ろしいものである。

184

侍は心を富士山ほどに持って、奉公すべきである。

185

親の代からの奉公人は、日頃、主人に対して不満を言っていても、家が衰えてきた時は、自分の責任を感じて逃げずに働くものだ。

利家が、死を前にして長男に残した遺訓の一節。新参者より親の代からの奉公人の方が、信頼できる理由を説いている。

186

合戦の時は、敵との境目のしきりから、踏み出していくことだ。

豊臣秀吉《とよとみひでよし》

貧農の身分から織田信長に仕える。山崎の戦いで明智光秀を討ち、天下を統一。関白、太閤。

生没 1537▼1598

187

秀吉の言葉には、一言の裏表もない。ゆえに自分は天道にかなう者なのである。

天下統一への仕上げ・小田原征伐の時に、諸国の大名に発した宣言書の中の言葉。自分の言うことに虚偽がないから、天下人になるのにふさわしい人間であることをアピールした。

188

われに大坂城を攻めさせたなら、安々と落とせるであろう。

秀吉は大坂城の周囲を川や、堀、土塁で囲み、二の丸、三の丸を造営して難攻不落の城に大改造した。ある時、徳川家康が、「太閤殿下ならどのように大坂城をお攻めになりますか」と質問した。秀吉はつられてこう答えて、後に家康はその通りに攻め落とした。

189

家康、おぬしも小便をしよう。

秀吉の小田原征伐の時、小便をしながら徳川家康に駿府城から関東への移封を命じた。重要な問題を連れ小便の時に切り出した、秀吉の人たらしを象徴する出来事である。

190

百姓は農具さえ持って、耕作に専念すれば、子々孫々に至るまで末永く栄えるものだ。

秀吉の刀狩令《かたながりれい》。農民の武器を没収した。

191

金銀をたくさん積んでおくのは、良い武士を牢に押し込めて置くのと同じことだ。

＊192

武辺をば今日せず明日と思いなば、人におくれて耻《はじ》の鼻あき。

193

人はただ、さし出づるこそ、よかりけれ。戦のときも先駆《さきが》けをして。

秀吉は、気配りの達人で信長に対しては他人に先んじて自分をアピールし、出世した。周りの人間がそれを妬み「人は皆、さし出でぬこそ、よかりけれ。戦のときは先駆けをして」という歌を詠んだ。秀吉がそれに対して返した歌である。

＊192 武辺とは、武芸に関すること。合戦での手柄。明日、手柄を立てようと思っても、人に遅れて恥をかく、との意味。『備前老人物語』より。

黒田官兵衛《くろだかんべえ》

豊臣秀吉に仕えた天才軍師。数多くの合戦で活躍。筑前国福岡藩52万石の礎を築いた。如水は剃髪後の号。

生没 1546▼1604

194

あなた様が天下を取る絶好の機会ではございませんか。

本能寺の変で織田信長が明智光秀に討たれた時、官兵衛と豊臣秀吉は備中高松城を水攻めにしていた。信長の死を知った秀吉は、途方に暮れ涙を流す。そこで、官兵衛はこう秀吉にささやいたのである。

195 ＊

我人に媚《こ》びず、富貴を望まず。

196

人には得手《えて》、不得手《ふえて》がある。わしは若い頃から、槍や太刀をとって敵と渡り合うのは不得意だった。しかし采配を振るい、一度に多くの敵を討ち取るのは得意だ。

197

乱世に文を捨てる人は、軍理が分からず、軍法を定められない。国家の政策に私欲を持ち込み、家臣や国民を愛せないから、人の恨みを多く買う。

198

金銀を用いるべきことに用いなければ、石瓦《いしがわら》と同じである。

官兵衛は常に倹約をして、無駄な出費を抑えた。身の回りの物は粗末なもので間に合わせた。しかし倹約したお金は、貧しい者を救うために惜しみなく使った。

＊199

義にあたりて、命を惜しむべきにあらず。

＊200

武芸をもっぱら好んで、自分一人目立つ働きをしようとするのは、匹夫《ひっぷ》の勇《ゆう》で、これは小心者の極みで、大将の道ではない。

201

人間には必ず相口《あいくち》、不相口というのがある。気に入っている相口には、ひいきの心が起こり、悪を善だと思う。不相口の者には、善人も悪人と思い謝ることがある。

202

夏の火鉢、ひでりの傘。

必要がないことを、部下にしてあげても、自分にはついてこないとの意味。

＊**195**、**199** とも、『黒田家譜』貝原益軒著の言葉。＊**200**　匹夫の勇とは、思慮分別がなく、血気にはやる者。

203

神の罰より主君の罰を恐れよ。主君の罰より家臣・百姓の罰を恐れよ。

その理由は、神の罰は祈れば免れることができる。主君の罰は詫びて謝ればいい。しかし、家臣や百姓にうとまれると、必ず国を失う。祈っても詫びても、その罰は免れることはできない。

官兵衛が、すでに一人前の大名になっていた息子の長政に言った言葉。長政は数々の武功を立てて筑前国五十二万三千石を得たが、親から見るとまだ未熟に映った。万人の手本となるよう戒めた。

204

茶を曳《ひ》くことは、いかにも静かにまわし、しかも油断なく、滞らぬように曳くこと。人の分別も静かにと思えば、油断になり、滞らぬようにと思えば、せわしくなる。

205

草履《ぞうり》と木履《ぼくり》が片方ずつで、揃っていないくらいでなければ、大事の場合の決断はできない。考えすぎると大事な合戦はできないものだ。

官兵衛が息子の長政に、草履と木履を片足ずつ贈り、こう言った。

竹中半兵衛《たけなかはんべえ》

竹中重治が正式名。初めは美濃・斎藤龍興の家臣で、後に秀吉の軍師となる。

生没 1544▼1579

206

身分不相応な値段で、馬を買ってはならない。

高い馬を買い戦場に出て、敵を見つけた時に、馬を大事に思い乗り捨てて戦うことができなくなる、との意味。

207

要害がいかに堅固であっても、人の心が一つでなければ、要害堅城も物の用をなさない。

半兵衛は当初、稲葉山城主・斎藤龍興に仕えていたが、龍興は怠惰で寵臣ばかりを重用したため、家臣たちは不満をもっていた。そこで半兵衛は、白昼、わずか十六人で稲葉山城を乗っ取った。主君に諫言して、城を返した。

208

人は皆、合戦談を聞くとき、大事なことは問わず、聞かないで済むことを質問するから、手柄を立てられない。

209

ここで小便を漏らしても、軍物語をしている大事な席を立ってはならない。

息子左京が、半兵衛の軍学の講義中にトイレに行こうとしたので、叱った言葉。

石田三成《いしだみつなり》

生没 1560▼1600

豊臣政権の五奉行の一人。関ケ原の戦いで西軍側の主導者となるが家康に敗れる。

210

奉公人は
もらった禄を使い切って
残してはならない。
残すのは盗みと同じである。
また、使い過ぎて
借銭《しゃくせん》するのは愚人である。

211

われは汝《なんじ》が二心《にしん》のあるのを知らなかったことは愚かだった。
だが約束を違《たが》え、義を捨てて、人を欺《あざむ》いて、裏切ったのは、
武士の恥辱、末の世までも語り伝えて笑うべし。

三成が関ケ原合戦で敗れ、捕えられた時、西軍を裏切った小早川秀秋が三成の前にやってきた。その時に、三成が浴びせかけた言葉。

212

大義を思う者は、
たとえ首をはねられる瞬間までも
命を大切にするものだ。

三成は京都の六条河原で処刑される前に、喉が渇いたので湯が欲しいと言った。警護の者が、湯がなかったので柿ならあるというと、三成は「痰の毒になるからいらない」と答えた。「今から死ぬ者が、おかしなことを言う」とその者が笑ったのに対して、三成は毅然とこう述べた。

石田三成 島左近 小西行長

島左近《しまさこん》

生没 1540▼1600

石田三成の家臣。三成に三顧の礼をもって迎えられた名参謀。

213

すでに時を失いぬ。

徳川家康は秀吉が亡くなった後、遺言に背き天下掌握に動いた。そして家康は三成の動向を探るため、島左近の元へ柳生宗矩《むねのり》を使わせた。その時、左近は「家康を討つ機会がたびたびあったのに、それを逃した」と言ったのである。左近は、家康を討つなら早いほうがいいと進言したが、三成は動かなかったのだ。

214

ただ城下が繁栄していることに驕《おご》って、人々の憂苦を思わず、武器に力を入れて城郭を構築しても、徳と礼儀がなければはなはだ危うい。

三成への忠告。武将たちを愛し、庶民をいたわる必要性を説いた。

小西行長《こにしゆきなが》

生没 1558▼1600

豊臣秀吉の家臣。朝鮮出兵の際、加藤清正と先陣を争う。

215

我らはもともと堺の薬屋なので、紙袋に朱丸をつけた旗印にします。

秀吉の朝鮮出兵の際に、ライバルの加藤清正は秀吉から「何妙法蓮華経」の旗印をもらった。大喜びで行長に、「小西殿はどんな旗印を用意したのか?」と尋ねられて、こう答えた。

加藤清正《かとうきよまさ》

秀吉の家臣で、賤ヶ岳の七本槍の一人。
秀吉没後は徳川氏の家臣で、熊本藩主。

生没
1562
▼
1611

216

その方たちは、ともにわしの股肱《ここう》で優劣の区別はない。役目の違いがあるだけだ。

股肱とは、頼りになる部下のこと。人には得手、不得手があり、適材適所が重要である。

217

天下の治乱は天気の曇り、晴れに譬《たと》えられますから、晴天だと思っていても、にわかに雲が出てきて、器をひっくり返したような雨が降ることもあります。計り難いのは、人の心です。

＊ 218

詩を作り、歌を詠んではならない。心に華の風流があっては、気弱になり、女のようになってしまう。

＊218 『加藤清正掟書』より。清正は、朝鮮出兵では虎と戦うなど勇猛な武将である。学問や武士道に励むことが家臣の務めであるとした。

前田慶次《まえだけいじ》

生没
1541
▼
1612

加賀・前田家、上杉家に仕える。自由奔放な振る舞いで知られる。天下御免の傾奇者。

219

たとえ
大名といえども、
心のままに
生きられないならば、
卑しい男と
何も変わりはない。

220

大ふへん者

慶次の旗印に書かれていた言葉。周りの武士たちは「武辺《ぶへん》」と読み、新参者であるのに偉そうだと注意をしたが、これに対して慶次は「浪人生活が長く女房もいないので、生活が不便なのだ」と相手をからかったという。

*221

生きるまで生きたらば、
死ぬるでもあらうかと思ふ。

222

大根のように
見かけはむさ苦しいが、
よく噛みしめれば
味のある拙者でござる。

上杉景勝に初めて会った時に、大根3本を台の上に見せて、自分についてこう説明した。

＊221『無苦庵記』より。

藤堂高虎《とうどうたかとら》

生没 1556▼1630

伊予今治藩主。後に伊勢津藩の藩主。生涯で8度、主君を変えた。築城術に長けていた。

223

寝家《ねや》を出る時より、その日が死番《しばん》と心得るべきである。

224

人を使うのに禄《ろく》だけ与えておけば良いというものではない。

情をもって接すれば、人は意気に感じて、恩に報いようとするものだ。

225

算用の道を知らないものは、何事につけても悪いことである。

算用とは、お金の計算、経済のこと。高虎は、宇和島城、今治城などを建築した築城術の名人であり、家康が認めるほど藩の内政にも優れていた。武士は、武勇だけではなく、お金や経済にも通じることが大事だと述べた。

『藤堂高虎遺書』より。

226 *

人の言うことを早合点してはならない。ことに人の話の腰を折ってはいけない。

227

少しの物でも、
人の物は
借りてはならない。
たとえ借りたとしても、
すぐに
返却すべきである。

228

殉死を願い出た者は、
もはや殉死をとげたと同じことだ。
家康公も殉死は厳禁とされた。
わしが死んでも腹を切ってはならん。

戦国時代は、主君が死ぬと家臣がその後を追う殉死者が出た。高虎は有能な人材が殉死で亡くなるのを防ぐために、家康に禁止を命じてもらった。

229 *

普段から
人のうわさを言ってはならない。
人の善行は取り上げ、悪は捨てる。
人が悔やんでいることも、
大方言ってはならない。

＊226、229『高山公遺訓二百ケ条』より。

加藤嘉明《かとうよしあき》

生没 1563▼1631

豊臣秀吉の子飼衆で賤ヶ岳の七本槍の一人。伊予松山藩主。

230

帯は右前で結ぶようにせよ。

加藤家の帯の結び方の決まり事。後ろにあると、ほどけた時にすぐに結ぶことができない。しかし前で結べば、解けてもすぐ結べる。

231

我は不巧《ぶこう》者であると思えば、し損なうことはない。巧者のように振舞えば、必ず失敗するものだ。

自分の能力がまだ至らないと思えば、知者や巧者の力を借りて失敗もなくなる。さらに、目標を常に高めに設定して、自分の能力を高めるための努力を継続することが重要であると説いた。

蒲生氏郷《がもううじさと》

生没 1556▼1595

織田信長、豊臣秀吉に仕えた武将。キリシタン大名。陸奥黒川城主となる。

232

春夏秋冬どれか一つにかたよらず、家風を正すことが主将の器である。

233

知行《ちぎょう》と
情けは
車の両輪、
鳥の両翼である。*

234

朝鮮を私に下さるのなら、
見事切り取って
ご覧に入れましょう。

秀吉が朝鮮出兵で苦戦しているのを心配し、会議を開いた。その席で氏郷がこう意見を言った。

235

世の智者というのは、
いかにも重厚にかまえて、
見てくれも立派だし、
言葉も巧みで、
器量学才があって、
人の目をたぶらかすものにすぎない。

236

主将として兵士を戦場で使うには、
ただ、かかれ、かかれ、という
口先だけの指揮ではだめだ。
かかれと思う場所に自らまず行って、
ここに来いと言えば、
主将を見捨てるものはいない。

＊233 知行とは、所領のことで、領土を支配して税収を得た。

山内一豊《やまのうちかずとよ》

土佐山内氏の当主。信長、秀吉、家康に仕え土佐藩初代藩主となる。

生没 1545▼1605

237

この顔を踏みつけて、矢じりを抜け。草鞋《わらじ》のままで苦しからず。

1573年、刀根坂の戦いで、退却する朝倉軍を織田軍が追撃した。一豊は秀吉の家臣として参戦。しかし、敵の弓の名手から放たれた矢が、一豊の顔を打ち抜いた。そこで家臣に命じたのがこの言葉である。さすがの一豊も痛みで意識を失ったという。

大谷吉継《おおたによしつぐ》

豊臣秀吉の家臣で、越前敦賀城主。関ケ原の戦いで石田三成の西軍につき戦死。

生没 1559▼1600

238

勢いすでにここに至る。これをどうにもすることはできない。貴殿と死を同じくしよう。

親友の石田三成から徳川家康討伐の決意を明かされたが、吉継は思いとどまるように説得。しかし、三成の気持ちが変わらなかったため、三成に味方して死のうと決意した。

福島正則《ふくしままさのり》

生没 1561▼1624

秀吉に仕え、賤ケ岳の七本槍。関ケ原の戦いでは東軍につく。

239

大凶日《だいきょうじつ》だから出陣するのだ。わしの本意は再びここに帰らないことにある。

1600年、徳川家康が上杉討伐のために出陣し、福島正則も後を追うため出陣日の吉凶を占うと「大凶日」と出た。その時、正則がさらに大きな領土を得るために、大凶日でいいとして、出陣した。

240

時すでに三年遅く、こうなっては、三年早かった。もはや後の祭りである。

大坂の陣の前に、豊臣側から味方になってくれるよう、正則へ使者が来た。しかし、すでに正則は家康側についていたため、使者に会わずにこう言った。

＊ 241

わしは弓である。乱世の時には重宝がられる人間だ。しかし、平和の時代になれば、川中島の土蔵に入れられたのだ。

242

何か忙しいことがある時、また何かのはずみに人の心は美しくなるものだ。

＊241　徳川の時代になり、安芸国広島49万石を没収されて、信濃国川中島４万5000石に改易された。

木村《きむら》重成《しげなり》

生没 1593 ▼ 1615

豊臣秀頼の小姓。大坂の陣で豊臣方で戦い、戦死。

243

首を討たれて恥をかかないために、食事を控えているのだ。

合戦の前に食事を採らない重成を見て、妻が「いざという時に役に立ちません」と心配した。重成は、腹いっぱいに食べて首を討たれ、傷口から食べ物が流れ出て見苦しい者がいた。だから控えている、と答えた。

244

お前ごときと相討《あいう》ちになるのは、真っ平だ。

重成を臆病者だと思い、重成の頭を殴り、「俺を殺せ」と言った人間がいた。その者に対して、いまは大事な時だと返答する。

後藤《ごとう》又兵衛《またべえ》

生没 1560 ▼ 1615

黒田官兵衛、黒田長政、豊臣秀頼に仕え、軍功を挙げた

245

旧主人は、犬武者です。

旧主人とは、黒田長政のこと。がむしゃらに前に出るので、もし戦えば、鉄砲の名人を五人ほど前に出せば撃ち落せると言った。

246

今回は負けたが、次に勝てばいい。

黒田長政の家来の時代に一揆が起こり、長政が父から鎮圧を命じられた。しかし、一揆勢に敗れてしまい、長政は頭を丸めて謹慎した。しかし又兵衛は平然としていたので、周りの者が注意をした。すると又兵衛は、一度敗れたからといって頭を丸めていたら、合戦などできるものではないと開き直った。官兵衛はその通りだと言い、長政を許したという。

可児才蔵《かにさいぞう》

福島正則に仕えた猛将。槍の名手。「笹の才蔵」と称された。

生没 1554▼1613

247

我は愛宕《あたご》権現《ごんげん》の縁日《えんにち》に死なん。

予言通り、1613（慶長18）年の愛宕権現の縁日の日に、身を清め、甲冑を着けて床机に腰掛けたまま死去したという。

248

捕った首には笹の葉を含ませて置いて参りました。

才蔵が森蘭丸の兄・長可《ながよし》に仕えていた時、武田軍と戦った。戦いが終り、長可が460もの首を実検している際、才蔵は三つの首を持って来て、「十六の首を捕りました」と申告した。数が合わないので聞いてみると、「首が多すぎて捨てました。捕った首には、笹の葉を含ませています」と言う。調べてみると、確かに十三の首が見つかり、この時から才蔵は「笹の才蔵」と呼ばれるようになった。

249

一椀《いちわん》の飯《めし》に二度も汁をかける者に、合戦の見積もりはできません。

福島家に軍師で採用してほしいという者が来た。昼飯を出すと、汁を二回もかけている。才蔵はその様子を見て、合戦の戦術など考える能力はないと断言した。

徳川家康《とくがわいえやす》

信長と同盟を結び、その後、秀吉に仕え、天下を取る。江戸幕府の初代征夷大将軍。

生没
1543
1616

250

大勢の方は、衆をたのんで心を一つにできない。小勢は、少ないことを知って、勇気を奮う。大勢の方が必ず負けるだろう。

今川家の人質として駿府にいた十歳の時、河原で石合戦をしている子どもがいた。人数が少ない方が勝つと、予想して的中させた。

251

この鳥は自分の鳴き声が劣っているので、他の鳥の鳴き声をまねて、その無能を覆い隠している。

織田の人質となっていた八歳の頃、黒ツグミをもらったが、他の鳥の鳴き声を真似するので、家康は返すように命じた。

252

私はケチだから麦飯を食べるのではない。

今は戦国の時なので、自分一人だけ贅沢はできない。節約して軍費にまわすためだとして、常に、質素倹約を奨励した。

253

人の一生は、重荷を負うて遠き道をゆくがごとし。急ぐべからず。

家康が残したとされる人生訓である『東照公遺訓』の冒頭の言葉。実際には、後世に作られたともいわれる。不自由がいつもの事だと思えば、不足を感じることはない、と続き、家康らしい忍耐の哲学を説いている。

254

人質は
時に応じて
取り置くもので、
長く取っておけば、
親子でも情が薄くなり、
結局は役に立たなく
なってしまう。

家康の長い人質経験を反映した言葉。

255

天下《てんか》は一人の天下にあらず、
天下の天下なり。

256

勝つ事ばかりを知り、
負けることを知らざれば、
害その身に至る。

257

胴《どう》、籠手《こて》は粗末でいいが、甲《かぶと》には念を入れるように心得よ。討ち死にをした時、甲は首と一緒に敵の手に渡るからである。

合戦において討ち取った首は、首実検と呼ばれる敵の首の身元を判定して、討ち取った者の論功行賞を決める場に出された。甲の手入れをしていないと、その者の恥になると言っているのである。

258

器物はどんな名物でも、肝要の時に役に立たない。宝の中の宝は、人である。

＊

259

堪《かん》忍《にん》は無事長久のもと、怒りは敵と思え。

260

己を責めて、人を責むるな。

261

一軍の大将たる者が、味方の諸人《しょじん》の「ぼんのくぼ」ばかり見て、敵などに勝てるものではない。

合戦において大将が隠れて、味方の兵の首の後ろばかり見ていたのでは勝利できない。前に出て戦えの意味。

262

万事について用心の方法が何もない、ということはない。

263

五文字で言えば「上を見るな」。七文字で言えば「身のほどを知れ」。そうすれば安全に身を保つことができる。

ある時、若い武士が集まった中で、家康が安全に自分の身を保つための大切な言葉があると、言い出した。それがこの、「上を見るな、身のほどを知れ」という保身の言葉。忍耐を続けて天下を取った家康の処世術である。

＊258『岩淵夜話別集』より。

＊ 264

戦国武将の家訓❶

上杉謙信の家訓

心に物なき時は、心は広く体も安らかなり。
心にわがままなき時は、愛敬を失わない。
心に欲なき時は、義理を行う。
心に私なき時は、疑うことをしない。
心に驕りなき時は、人を教える。
心に誤りなき時は、人をおそれず。

上杉謙信⇒P110

心に邪見なき時は、人を育てる。
心に貪《むさぼ》りなき時は、人に諂《へつら》うことがない。
心に怒りなき時は、言葉柔らかなり。
心に堪忍ある時は、事は成就する。
心に曇りなき時は、心静かなり。
心に勇ある時は、悔やむことなし。
心が賤《いや》しくない時は、願い事はしない。
心に孝行ある時は、忠節が厚い。
心に自慢なき時は、人の善を知る。
心に迷いなき時は、人を咎《とが》めない。

＊『上杉謙信公家訓』全部で16カ条からなる。米沢城内の上杉神社に謙信の家訓碑がある。

＊ 265»269

戦国武将の家訓❷

北条早雲の家訓

一、朝は早く起きること。遅く起きると、召し使っている者までが油断する。

二、夜は、五つ（午後八時）以前に寝静まること。

三、神仏を礼拝することは、心を柔らかに保つ。

四、刀や衣裳は、他人のように飾り立てようとしてはならない。

五、夕方には台所や居間の火のあるところを見回り、火の用心を家人にかたく申し付けておかなくてはならない。

＊『早雲寺殿廿一箇条』は、早雲が晩年になって家臣の心がけをまとめた家訓で、日常の細かい行動について記されている。 **北条早雲⇒P108**

戦国武将の家訓❸

武田信繁の家訓

一、お館様に対して、未来に渡り謀反の心を抱いてはならない。

二、自分の身分や力に不相応なことについては、一言も発言すべきではない。

三、お館様より、冷たい扱いを受けても、それに不満をもってはならない。

四、合戦が近づいたら、部下に対する扱いを荒々しくすること。兵士たちは怒りを抱いて、戦うものである。

五、敵方に対しては、悪口を言ってはならない。

六、たいていのことは、人から尋ねられても、知らないふりをしていたほうがいい。

＊『武田信繁異見九十九ヶ条』。1558年に、嫡男の信豊に与えたもので、家臣団への家法となる。人間としてのあり方や戦いの方法をまとめている。お館様とは、武田家当主のこと。 **武田信繁⇒P124**

＊　276»280

戦国武将の家訓④

朝倉敏景の家訓

一、家老職を一定にしてはならない。
その者の才能や忠節によって役目に付けるべきである。

二、名作の刀《かたな》脇《わき》差《さし》を好むべきではない。

三、城内において夜、能の興行を催してはならない。

四、特に不自由なことがないかぎり、
他国の浪人などに右《ゆう》筆《ひつ》をさせてはならない。

五、僧侶・俗人や一芸に秀でている者を、
他国に行かせてしまってはならない。

＊『朝倉敏景十七箇条』。1479年から1481年までの間に制定された。朝倉孝景条々、英林壁書とも呼ばれる。家訓をもって国を治める基本とした。　朝倉敏景⇒P130

＊ 281»286

戦国武将の家訓❺

鍋島直茂の家訓

一、人の才能は、理性をもとに花開くものである。才能があっても結果が出ないものが多い。

二、さまざまな芸は、独学で上達することは難しい。

三、下の者の言葉は、言わんとしていることを察しながら聞くこと。金が土の中に埋まっているように。

四、信心は心の掃除であり、他人の心を傷つけぬように。

五、立身出世は、はしごの段を一歩一歩上るように。

六、万事においてぐずぐずしていると、十のうち七つは悪い結果となる。

＊『直茂公御壁書』。平易な言葉で語られた武士の処世訓。武士道の精神をまとめた『葉隠』の原点が21か条でまとめられている。 鍋島直茂⇒P143

＊ 287 » 291

戦国武将の家訓 6

毛利元就の家訓

一、毛利という名字が末代までも衰えることがないように、良く心がけてお心遣いすることが肝要である。

二、三人の間に、少しでもひびが入るようなことがあれば、三人ともに滅亡すると思え。

三、亡き母への供養についても、三人とも同じ心持で勤められるように。

四、これまで多くの人々の命を奪っているので、この因果はあなた方にも及ぶものと、気の毒に思っている。

五、自分は十一歳の時から、今に至るまで、毎朝、念仏を唱えている。その法というのは、朝日を拝んで、念仏を十辺ずつ唱えるもので、これによって来世だけではなく現世においても加護が得られるものである。三人においてもこの法を、毎朝行うことがよろしい。

＊『毛利元就書状』。1557（弘治3）年、還暦を迎えた元就が3人の息子たちに書き送った教訓状。有名な三本の矢のエピソードの原点ともなっている。14条からなる。 毛利元就⇒P132

＊ 292»299

戦国武将の家訓⑦

藤堂高虎の家訓

一、出陣の時、敗戦する覚悟は当然のことである。

二、家来に情をかけ、諸事見のがすことが肝要である。
大それたことがあったときには、自分の因果であるとすべきである。

三、悪い主人は、目で脅し顔つきで恐れさせるように、上面《うわつら》で行う。

四、すべて落ち目の人を救うことは、大事である。

五、窮屈なところを好み、楽なところを嫌うべし。

六、負け戦の時、豆《まめ》板《いた》銀《ぎん》壱歩を飲み込むべし。
強盗にはがれたとしても、大便に出るものである。

七、何事でも理詰めで物を言ってはならない。

八、侍で我のない人は、なたの首の折れたようなものである。

＊『高山公遺訓二百ヶ条』。高虎に仕えた太神朝臣惟直《おおみわのあそんこれなお》が、高虎の死後にまとめた遺訓。武士としての覚悟、心がけ、奉公の心、家老の心構えの四部作。 ＊豆板銀とは、当時の銀貨幣。お金を強盗に取られないように、飲み込めと言っている。 **藤堂高虎⇒P76**

本多忠勝《ほんだただかつ》

生没
1548
▼
1610

徳川氏の家臣。伊勢桑名藩初代藩主。57回の合戦でかすり傷なし。徳川四天王の一人。

300

本多の家人《かじん》は、志からではなく、見た目の形から武士道に入るべきだ。

武士道の教えでは、志が最も重要であるとされるが、本多家では逆で、形にその人の心根が現れるのである。

301

思慮のない者も、思慮のある者も功名を立てる。思慮のある者は兵を指揮して大きな功名を立てる。だが、思慮のない者は槍一本の功名であって、大きなことはできない。

302

難局に臨んで決して退かず、主君と枕を並べて討ち死にを遂げて、忠節を守ることが第一であり、これこそが真の侍である。

本多正信《ほんだまさのぶ》

徳川家康の重臣で、江戸幕府の老中。相模国玉縄《たまなわ》藩主。

生没 1538▼1616

303

害を避けるのを知って、害を避けることの害を知らない。物の勢いをひとたび失えば、また伸びることがない。

害を避けてばかりいると、勢いを失ってしまう、との意味。『本佐録』より。

304 ＊

万人を客とし、人々の心に叶うようにして、主人ぶりを行ったならば、天下第一の数寄屋《すきや》になるだろう。

305 ＊

苦労は栄華の礎《いしずえ》。

306 ＊

百姓は財の余らぬように、また不足なきように治めること道なり。

＊**304** 数寄屋とは、詫びた茶室のこと。国民を茶の湯に招いた客人としてもてなし、茶道の精神で政治を行うことが重要である、との意味。＊**305**『壁書十箇条』より。＊**306** 年貢徴収の考え方。

徳川家臣

鳥居元忠《とりいもとただ》

生没 1539▼1600

徳川氏の忠臣。多くの武功を立てたが感状をもらわなかった。

307

日本国中が背くといっても、わが子孫は他家に足を踏み入れてはならない。

主君家康が会津征伐に出陣して、元忠は伏見城の留守を任された。そこに三成の大軍が押し寄せて、落城寸前となり、元忠は嫡男に宛てて遺言を残した。

大久保忠世《おおくぼただよ》

生没 1532▼1594

徳川家康の家臣。徳川十六神将の一人。小田原藩主。

308

死体の手をとっては引けない。足をとれば引きやすい。

三方原《みかたがはら》の戦いで、徳川軍は惨敗して、部下が味方の死体を自分の陣地に引き戻そうと必死になっていた。それを見て、忠世はこう教えた。忠世にも、敵に味方の首を渡したくないという同じ気持ちで、足を引いた経験があるのだろう。

309

これをもって黄泉《よみ》の通行手形とする。

これとは、三河一向一揆を鎮圧した時の、家康からの感状。亡くなる時に、これを破いてこう言った。

榊原康政《さかきばらやすまさ》

生没 1548▼1606

徳川四天王、徳川十六神将に数えられる。館林藩の初代藩主。

310

老臣が権力を争うのは亡国の兆しである。

関ケ原の合戦後、本多正信が老中首座となっていたが、康政は所領の加増などを断ったとされる。

鳥居元忠 大久保忠世 榊原康政 池田輝政

池田輝政《いけだてるまさ》

信長、秀吉、家康に仕える。
播磨姫路藩の初代藩主。

生没 1564▼1613

*311

姫路城の近くに山があり、要害としてははなはだ悪いというが、小さなことだ。籠城することなく、大地へ切って出て、大勝利を得ればよい。

312

いたずらに流行《はやり》を追うな。

池田輝政の水筒が竹でできていたので、時々、壊れた。そこで家臣がこう言った。「最近、水筒は銅製の物が流行っています。殿の水筒も銅にしましょうか」。その時、輝政はこう言って断った。「水筒は壊れるから、作る者の生活が成り立っているのだ」。古くてもいいものを使う、職人のことを思い、領民全体のことまで考えていた。

313

優秀な人材を発掘して、次々と抱えるのが、私の何よりの楽しみだ。

314

武将にとって鶏は大切な宝物だ。

一番鶏が鳴いた時に、すぐ起きる。二番鶏で食事をする。三番鶏が鳴いた時に出陣する。と、決めておけばわが軍の行動が全部決まる。

*311 現在の姫路城を築いたのが、池田輝政。1601年から8年がかりで普請した。五層七階の天守が聳《そび》える。

大久保忠教《おおくぼただたか》

生没 1560▼1639

三河国の生まれ。江戸幕府旗本。通称の彦左衛門で有名。『三河物語』の著者。

315

知行を必ず得られる方法が五つあるが、
これに心を用いて、知行を得てはならぬ。
また知行を得られない方法も五つあるが、
たとえ餓死するとも、
こちらを心に留めるべきである。

知行を得られる人とは、主人に弓を引き、計算高く、得体の知れない行動をとる者だという。逆に知行を得られない者とは、忠節・武勇があり、計算高くなく、長く仕えた者だという。忠教はまさに後者の人間だった。関ケ原の戦い以降、外様大名に多くの禄が与えられ、譜代は禄が低くポストを与えられた。しかし忠教は、政争に敗れて失脚して、不遇な待遇となっていた。その不満が忠教にあり、逆説的な教訓となっている。

316

地獄も極楽も
必ずあるぞ。
地獄があることを
忘れず、
奉公に励め。

317

春日局はともかく、
天照大御神と申されても、
深夜はお通しすることは
できません。

忠教が江戸城平川門の門番をしていた時、深夜に三代将軍家光の乳母・春日局が登城してきた。しかし深夜には城内に入れない規則なので、開門を拒否していった言葉。

318

三河者は行儀を知らない。
行儀のよい者が、
何の役に立つか。

三河武士は、合戦に明け暮れていたから行儀を知らない。行儀が悪いからと出世できないのは、納得できないと、忠教は嘆いている。

出典
戦国時代

『名将言行録《めいしょうげんこうろく》』

戦国時代の武将から江戸時代中期の大名まで、一九二名の生涯の行動と逸話、名言を記した人物列伝。作者は、幕末の館林藩士・岡谷繁実。１８５４（安政元）年から１８６９（明治２）年までの十五年の歳月をかけて、一二〇〇をこえる尨大《ぼうだい》な史料をあたって編纂された。全七十巻からなる。戦国武将の言行を知ることができる貴重な史料である。

『信長公記《しんちょうこうき》』

戦国大名・織田信長の生涯をまとめた一代記。著者は信長の旧臣であった太田牛一。信長の幼少時代から、信長が足利義昭を奉じて上洛する前までを首巻、上洛から１５８２（天正10）年本能寺の変までの十五年間を一年一巻とし、全十六巻で構成されている。江戸時代初期に完成。文書上の記録を正確に記しているため、史料としての信頼が高い。信長の生涯を知るには無くてはならない史料である。

『常山紀談《じょうざんきだん》』

戦国武将の逸話四七〇条を収録した書物。本文二十五巻、拾遺四巻からなり、簡潔な和文で武将の言行が書かれている。だが構成内容は雑然として、玉石混淆となっていて、史料としての信頼性は低いとされる。著者は備前岡山藩主池田氏に仕えた儒学者の湯浅常山《ゆあさじょうざん》。完成は１７７０（明和７）年ころ。江戸末期に記された『名将言行録』に影響を与えた。

『甲陽軍鑑《こうようぐんかん》』

甲斐国の戦国大名である武田信玄の生涯を中心として、武田氏の戦略・戦術を記した軍学書。本編二十巻全五十九品、末書二巻からなる。武田信玄が国内統一を果たし、領国拡大を行う合戦の逸話や、武田家や家臣団の逸話、軍学などが紹介されている。成立時期は長篠の戦いの直前ころで、武田家の行く末を危惧し、家臣たちがまとめたとされる。本書は甲州流軍学の聖典とされ、江戸時代には出版されて広く流布した。

伊達政宗《だてまさむね》

仙台藩初代藩主。右目を失明し独眼竜と呼ばれた。奥州を平定したが、豊臣秀吉に従属。

生没 1567▼1636

319

そなたは若輩だが、小姓頭を命じた者に、脇差《わきさし》の鞘《さや》で頭を殴ったのは、私の誤りだ。

政宗は酒が好きで、飲みすぎて失敗が多かった。ある時、酒の席で小姓頭の頭を脇差で殴った。翌朝、政宗は反省して小姓頭にお詫びの手紙を書いたのである。

＊320

倹約の仕方は、不自由なるを忍《しのぶ》にあり。

321

わからぬ将来のことを心配しているよりも、まず目前のことをすることだ。時を移さず行うのが、勇将の本望である。

＊322

料理心のない者は、情けない心の持ち主である。

＊320 伊達政宗の『壁書』より。＊322 政宗の趣味は、料理。卵料理の伊達巻は好物だったことから名づけられた。

323

仁に過ぎれば弱くなる。
義に過ぎれば固くなる。
礼に過ぎれば諂《へつら》いとなる。
知に過ぎれば嘘をつく。
信に過ぎれば損をする。

人に対する思いやりが強くなると、立場が弱くなる。正義を強調すると、頑固になる。礼儀を重んじすぎると、失礼になる。知恵が働き過ぎると、嘘をつく。信用し過ぎると、自分が損をするものだ。五徳は大事でも、行き過ぎると害になる。

324

物事は、小事より大事が起こるものだ。
決して油断するな。

325

禍《わざわい》は
内から
起こるもので、
外から
来るのではない。

326

この茶碗の値段が何千貫目と聞いて、その高さに驚いたとは、口惜《くちお》しい。

政宗は、自分自身の器量の小ささに腹を立てて、茶碗を庭石に打ち付けて微塵に砕いてしまった。

327

政事《まつりごと》は、明らかならず、暗からずというのがもっともよい。すみずみまであまりに厳しく、重箱の隅をほじくるようなやり方は、上々とは言い難い。

328 *

勇を頼みにして相手を選ばず戦うのは、弱冠の者のすることだ。強い相手を避け、弱い者を選んで戦い、進退のツボを心得ているのは、壮年にならないとできないことだ。

329 *

馬上少年過ぐ、世平らかにして白髪多し、残躯《ざんく》天の許す所、楽まざればまた如何せん

馬に乗った青春が通り過ぎて行く。戦国の世も遠い昔となり今や天下は泰平となり、自分の髪の毛は白くなった。生き延び年老いたこの身であるが、天の許す限りその日を楽しんでいこう。政宗が作った漢詩。

＊328 弱冠とは、男の20歳のこと。＊329 『馬上少年過ぐ』は伊達政宗の生涯を描いた司馬遼太郎の小説のタイトルになっている。

伊達稙宗《だてたねむね》

生没 1488▼1565

陸奥の戦国大名。伊達家十四代当主。最上氏を支配下に置き、勢力を拡大。

330

報復として、他国の者を理を尽くさないで私刑を加えてはならない。

一七一条に及ぶ分国法「塵芥集」を制定し、統治を強化した。

支倉常長《はせくらつねなが》

生没 1571▼1622

伊達氏の家臣。慶長遣欧使節団として欧州まで渡航した。

331

わが君である奥州王は、その位と領土をスペイン王に献上する。

スペイン王フェリペ三世に謁見して、こう言ったという。政宗の真意がどこにあったのかは不明である。

片倉景綱《かたくらかげつな》

生没 1557▼1615

伊達政宗の近習から軍師となる。仙台藩片倉氏の初代。通称は小十郎。

332

墨がゆがんだものは、真っ直ぐになるものだから、人の心を知るようにせよ。

幼い子が景綱の字を見て、「字が曲がっている。きっと心が歪んでいるからだ」と生意気な口をきいた。その時景綱は、「字の歪みは直せるもの。それより人の心の奥深いところを知ることが大事だ」と諭した。

東北の武将

最上義光《もがみよしあき》

出羽山形藩の初代藩主。伊達政宗の伯父。

生没 1546 ▼ 1614

333

命があるうちに今一度、最上《もがみ》の土を踏みたい。水を一杯飲みたく思っています。

秀吉の朝鮮出兵で、義光は肥前名護屋で食料の調達をしていた。戦局が悪化すると故郷への想いが募ってきて、手紙に書いた。

津軽為信《つがるためのぶ》

弘前藩初代藩主。秀吉に仕え、関ケ原の合戦は東軍につく。

生没 1550 ▼ 1608

334

戦は兵の多少によらず、ただ主将の戦略にかかっている。

335

支城を先に攻めるのは逆である。枝葉を先に刈ると斧の刃が欠けるばかりだが、幹を先に倒せば枝も自然と枯れるものだ。

太田道灌《おおたどうかん》

生没 1432▼1486

武蔵守護代の扇谷上杉家の家宰。江戸城を築城。

336

小机はまづ手習いのはじめにて いろはにほへと あとは散り散り。

1478年、道灌は長尾景春《かげはる》の乱で小机城を攻めた。しかし敵は手強く、なかなか城を落とすことができなかったため、道灌はこの歌を作り、兵に口ずさませて城を陥落させた。小さな机は、子供が手習いする時に使うもの。最初は、いろはにほへと、と書くが、最後は墨で真っ黒になる。つまり、小机城を子どもの手習いの習字にたとえて、士気を高めたのだ。

337

訓練を怠けた罰金は、皆の茶代にしろ。

338

屏風《びょうぶ》は直立しては倒れてしまい、曲っていてこそ役に立ちます。

道灌の幼少時の話。父・資清《すけなが》に「障子は直立してこそ役に立つが、曲がっておれば役に立たない」と説教されたことに対して、こう反論した。

339

驕《おご》る者は久しからず、驕らざるはまた久しからず。

父・資清が『平家物語』の言葉を用いて、生意気だった子どもの道灌に「おごり高ぶる者は成功しない」と説教した。しかし頭のいい道灌は、「驕り高ぶらない者も、また成功しない」と言い返して、父をぎゃふんと言わせた。

北条早雲《ほうじょうそううん》

生没 1432▼1519

戦国大名の先駆け。伊豆、相模を攻めとり、後北条氏の祖となる。

340

多くの人と交わって、もめ事を起こしてはならない。何事も他人を立てるようにすべきである。

341

上下万民に対して、一言でも嘘を言ってはならない。嘘を言っていると、癖になってしまうものだ。

342

自分はそなたたちが裕福になることを願っている。これからは租税を五分の一に減じ、その他の雑税も除く。

343

国主にとっては民はわが子であり、民からみれば国主は親である。これは昔から定まっている道である。

北条早雲
北条氏綱
北条氏康

北条氏綱《ほうじょううじつな》

相模の戦国大名。早雲の後を継いで領国を拡大。

生没
1487
▼
1541

344

驕《おご》らずへつらわず、その身の分限を守るべきである。

北条氏康《ほうじょううじやす》

相模の戦国大名。氏綱の嫡男。山内・扇谷両上杉氏に勝利。

生没
1515
▼
1571

345

悪人を追いかけ規則を増やしたり、牢獄を増やすだけでは悪人は減らない。

346

上役は部下を選ぶ。しかし、部下もまた上役を選ぶ。

上《う》杉《すぎ》謙《けん》信《しん》

生没 1530 ▼ 1578

越後の戦国大名。他国から救援を求められ、何度も出兵。武田信玄との川中島の戦いが有名。

＊ 347

われを毘《び》沙《しゃ》門《もん》天《てん》と思え。

謙信は自らを毘沙門天の生まれ変わりと信じていた。春日山城内に毘沙門天を祀り、戦勝を祈願した。

348

手にする武器は、自分の得意とする業物《わざもの》でやればよい。

鉄砲でも、小太刀で討っても敵を討ったことに変わりはない。

＊ 349

大将の根底とするところは、仁義礼智信の五を規《のり》とし、慈愛を持って衆人を哀れむべし。

350

いま私が出陣すれば、甲斐まで取れるであろう。しかし、人の落ち目を見て攻め取るのは本意ではない。

武田信玄が死去したことを知り、家臣がこの機を突いて信濃に侵攻することを進言したが、謙信はこう言って出陣しなかった。

＊347 毘沙門大とは、仏教における天部の神で、持国天《じこくてん》、増長天《ぞうちょうてん》、広目天《こうもくてん》と共に四天王に数えられる武神。北方の守護神でもある。＊349『北越軍談』謙信公語類より。

351

私は兵でもって戦いで雌雄を決する。塩で敵を苦しめることはしない。

ライバルの武田信玄が駿河・今川氏真《うじざね》の塩の輸送禁止策で苦境に陥っているのを聞き、謙信は塩を送った。「敵に塩を送る」ということわざは、ここから生まれた。

352 ＊

運は天にあり、鎧《よろい》は胸にあり、手柄は足にあり。

353 ＊

天の時、地の利に叶い、人の和が、すべて整う大将は、昔の和漢にも聞こえないし、末代までも出てこないであろう。

儒教の教えに「天の時は地の利にしかず、地の利は人の和にしかず」とあり、人心の和が最も重視される。謙信は、天・地・人が大将に必要な三要素であるとして、この三つを兼ね備えた大将は、昔も将来も出てこないだろうと言っている。

＊352 春日山壁書の言葉。＊353『北越軍談』謙信公語類より。火坂雅志氏の小説『天地人』は、上杉景勝に仕えた上杉家の家老・直江兼続を主人公にした物語。2009年ＮＨＫ大河ドラマとなった。

354

信玄の兵の使い方、後の勝利を大切にするということは、国を多く取ろうという底意があるからだ。自分は国を取る考えはなく、後の勝利も考えない。目の前に迫っている一戦を大切にするのだ。

武田信玄に侵攻された北信濃の戦国大名・村上義清《よしきよ》が、越後に逃れて謙信に仕えてきた。謙信は、義清に信玄の兵の使い方を尋ねた。義清は、「後のことを考えて、軽率な動きをせず、兵を大事にしている」と答えた。これに対して謙信は、信玄の動きを批判して、自分は国を多く取る考えが一切ないことを言ったのである。

355

武士は馬をわが足と思い、弓《ゆみ》槍《やり》を左右の手と定め、敵を撃つ刃は己の心と考え、常に武道をたしなむことが、本意の核心である。

356

もし謙信の運が弱く、その志が空しいものならば、速やかに病死を賜りたい。

この言葉の前に、「命のある間、国を覆そうとする者を平らげ、諸国を一つにして貧困に陥った民を安住させたいと思う、他に希望はない」と、言っている。そのために謙信は、春日山城に毘沙門天を祀り、日々祈願していたのである。

上杉景勝《うえすぎかげかつ》

生没 1556▼1623

上杉謙信の養子となり上杉氏に。豊臣政権の五大老の一人。米沢藩初代藩主。

357

本城から落とせ。そうすれば小城は黙っていても落ちる。

358

先陣と二陣を逆にしろ。

大坂の陣の際、先陣に決められていた者を、後ろに回した。二陣になった武将は憤慨して戦功をあげた。

359

父が死んだのは、当主と定められた謙信公に対して忠節を尽くさなかった罰だ。

父政景は上杉謙信の謀によって、殺された。

直江兼続《なおえかねつぐ》

上杉氏の家老。上杉謙信に美貌と才気を寵愛された。景勝に仕えて家宰として活躍。

生没 1560▼1619

360

謙信の時から先陣の指揮をして、指揮を取ってきました手に、このような賤《いや》しい物を手に取れば汚れますので、扇に乗せております。

伏見城に諸大名が集まり、伊達政宗が金貨(当時はまだ、珍しかった)を取り出し人々に見せた。兼続は、手で触らず扇に載せて、政宗の方に投げ返した。金銀やお金は武士の魂を汚すという武将が多かったのだ。

361

戦わず滅びるならば、戦って滅びた方がいい。いまが騎虎《きこ》の勢いと申すものです。

徳川家康が、関ケ原の戦いの前に上杉景勝の会津征伐に乗り出した。しかし、石田三成が挙兵して伏見城を落とすと、家康は江戸に引き返した。兼続は、いま出陣すれば勝利できると景勝に進言したが、聞き入れられなかった。

362

春雁　我に似たり
我　雁に似たり
洛陽城裏
花に背きて帰る

和歌に通じていた兼続が作った漢詩。春の雁は、自分に似ている。いや、私が北へ帰る雁に似ている といってもいい。花が咲いている京の町から、まだ寒い陸奥へと帰ろうとしているのだ、との意味。

363

親族どもが嘆き悲しみ、冥界より呼び返してくれと申していますので、この三人を迎えに遣わします。なにとぞ死人をお返しくだされたく存じます。

地獄の閻魔大王に宛てた高札。下人を成敗したが、その親族三人が怒り下人を返してほしいと無理を言った。そこで、兼続は仕方がないので閻魔大王のところへ迎えに行ってほしいと、三人を成敗した。

＊ 364

田植えの時は女は化粧して、裾《すそ》をまくって脛《すね》を見せろ。

365

敵地でも、味方の地でも、討ち死にした人数の多少にかかわらず、いかにも勝ち戦だと思わせるような芝居を打った方が、勝ちである。

＊ 366

景勝が間違っているか、家康様に表裏があるか、世間はどう判断するでしょうか。

＊364 『四季農戒書』という農業についての本を書いた。男たちのやる気が出るという。
＊366 家康が会津征伐を決断したきっかけとなった「直江状」の一文。

武田信玄《たけだしんげん》

甲斐の戦国大名。越後の上杉謙信と川中島の戦いで抗争。西上作戦の途上で病没。

生没 1521▼1573

367

戦いは五分の勝ちをもって上となし、七分を中とし、十を下とす。*

信玄は古代中国の「孫子の兵法」を徹底的に学んだ武将。戦勝は五分が一番いいという。勝率七割では油断するし、完全に勝利すると驕り高ぶる。勝ち過ぎてはならない。

368

人は城　人は石垣　人は堀　情けは味方　讐《あだ》は敵なり。

信玄は、堅固な城を築く必要はなく、人の和こそ城であり、石垣、掘であると言う。情けをもって接すれば味方になるし、逆に冷たくあしらうと敵になるのだ。

369

臆病者にも使い道がある。

臆病者は合戦では役に立たない。しかし、館の留守役を頼めばきちんとやってくれるものだ。

＊367　中国古代の著書『孫子』は、合戦の心得や諜報活動の重要性など戦略・戦術論を説いた兵法書。信玄といえば、「風林火山」の旗印が有名だが、この「風林火山」も『孫子』から引用された言葉である。

370

人にとって学問とは、木に枝葉があるようなものである。

学問は書物を読むことばかりではなく、己の道について学ぶことである。

371

蟹《かに》は甲羅に似せて穴を掘る。

言葉の意味は、人間はそれぞれ自分の力量や身分に合わせて行動する、というたとえ。ある時、男がひばりを捕ろうとして草むらにずっと伏せていた。その時、十三歳であった信玄は、こう言って「その方法ではひばりは捕れない」と、その男に話した。そして信玄は高い丘の上に上り、麦畑などを見回して、ひばりの住むところを探し当てた。確かにひばりの巣が数十あったという。少年時代の信玄の智恵を表す逸話。

372

我、人を使うにあらず、その業《わざ》を使うなり。

373

人は身分の高い低いにかかわらず、相手として恐ろしいのは無分別な人である。

分別のない人は、後先を考えず、口任せ、手任せに論外な行動をとる。こうした人はいざという時、後れをとるものだ。

374

疾《と》きこと風の如く、徐《しず》かなること林の如く、侵掠《しんりゃく》すること火の如く、動かざること山の如し。

信玄の旗指物に記されている、『孫子』からの引用の言葉。

375

朝、用事がある者は昼か晩に出仕せよ。晩に用事がある者は朝出仕せよ。

376

武士道を忘れて刀を用いず
なぐり合ったとは、
武士の風上にも置けぬ者だ。
家中の見せしめにしろ。

家臣が口論になり、一方が相手を押さえて殴った。また、間に入り引き分けた者がいた。信玄は、口論した二人を磔に、引き分けた者を追放した。

377

戦いは四十歳以前は勝つように、四十歳からは負けないようにすることだ。

さらに続けて、信玄はこう言っている。「ただし、二十歳前後の若年の時には、自分より小身の敵には負けぬようにして、勢いに乗って、勝ちすぎぬように心がけるべきである」。

378

負けまいと思える戦いに負けたり、滅びはしないだろうと思える家が滅びたりするのを、人々は天命だという。だが、わしは天命だと思わない。それはみなやり方が悪いためだ。

379

百人のうち
九十九人に誉められるのは、
善い者ではない。
それは軽薄者か、
頭が良すぎる者か、
盗人か、
こびへつらう者か、
この四つのうちのどれかだ。

380

渋柿に甘柿を継ぐのは、小心者のすることだ。中より上の侍は、渋柿で用を達することが多い。

信玄は、継いである甘柿を刈ることはしなくていいという。甘柿も渋柿も上手に使えという教え。

信玄《しんげん》の合戦

信玄の初陣は1536（天文5）年、十五歳の時、海口城主平賀源心攻めで一夜にして落城させた。家督を相続すると信濃諏訪領へ侵攻する。1553（天文22）年から、越後の上杉謙信と五度に渡って川中島の戦いが起こる。これと並行して、今川、北条とも戦った。

＊ 381

歳末の大雪に、敵が追ってくるものか。

信玄の初陣の時の言葉。父信虎と共に平賀源心の海口城を攻めたが、守りが堅く攻めきれなかった。さらに大雪が降ってきたので、信虎は軍を引き上げた。信玄は自ら殿を志願して、退却途中で急に海口城に攻め入り攻略した。敵も信玄が引き上げたと油断して、正月休みで兵をほとんど家に帰していたのである。

＊ 382

いま分捕った兵糧《ひょうろう》を返して、信玄の弓矢は欲のためではなく、国民を安楽にするためだということを、信濃の民に知らせよ。

383

北条勢は今まで非常に強い敵に出合ったことがなく、油断しているとみてよい。ただ今飲んだ酒がさめないうちに、敵の先陣の占める陣屋を破れ。

信玄の駿河侵攻の時の言葉。薩垂山で今川軍を破り今川館を占拠した。

384

織田信長の謀《はかりごと》がまだ、はっきりわからぬ。

三方ヶ原《みかたがはら》の戦いで、信玄は織田・徳川連合軍を撃破。家臣は勢いに乗じて浜松城を奪おうとしたが、信玄はこう言って軍を引き返した。この時信長は、大軍の兵を潜ませて、武田軍を挟み撃ちにしようとしていた。

385

**敵の偽りの謀に
ひっかかって、
しかも立ち直れぬほどの
大敗を喫しなかったのは、
さすが
老兵の力による。**

1545（天文14）年、武田二十四将のひとり板垣信形《のぶかた》が、小笠原・木曽軍と戦い大敗した。信形は、信玄からの厳しい罰を覚悟していたが、信玄は「何も気にすることはない」とこう言って、敗将をけなすことをしなかった。

386

**実権のない管《かん》領《れい》職を譲られてそれで
景虎が管領だというのは、大変な若
気のいたりだ。とりわけ信玄に無視
されたなどと腹をたてられるのは、
景虎の無分別である。**

川中島の戦いの途中で、信玄と上杉謙信が和睦のために対面することになった。しかし謙信は、信玄に失礼な態度があったとして引き上げた。それに対して信玄が、上杉謙信に送った挑発の言葉。謙信は上洛して将軍足利義輝に謁見《えっけん》して関東管領を命じられた。信玄は、そのことを若気の至りだと、言っているのである。

387

**他国を攻め取ったならば、
その土地の領主を味方として抱え、
諸人が困窮せぬように恵むことである。**

信玄は、合戦で勝利して他国を支配する時は、決して部下に土地を与えなかった。その土地の領主を味方にして、地域の特性を重んずることが重要である、と考えていた。

＊**381** 武田信玄は、1536（天文5）年、16歳で元服。同年12月28日、信玄は、信濃海ノ口城を攻め落とし、見事な初陣を飾った。＊**382** 1542（天文11）年、信濃侵攻で村上、諏訪、小笠原の三家を破った。信濃勢は兵糧を捨てて逃げた。

武田武将

武田勝頼《たけだかつより》

生没 1546▼1582

信玄の嫡男。家督を相続する。武田二十四将の一人。

388

御旗《みはた》と楯無《たてなし》を見るのだ。明日の一戦で勝敗を決すべし。

旗印と楯無の兜は、武田家の家宝。長篠の合戦の前に、重臣たちは軍を引き上げることを提案したが、勝頼は家法の前で必勝を誓わせた。結果、大敗して滅亡へとつながった。

高坂昌信《こうさかまさのぶ》

生没 1527▼1578

武田四天王の一人。川中島の戦い、三方ヶ原の戦いに参戦。

山本勘助《やまもとかんすけ》

生没 1493▼1561

武田信玄の軍師。片目で、足が不自由。合戦の軍法を熟知。

389

素材をいかさない調理法ばかりで、みな不満を持ちます。

武田信玄が、勘助に上杉家の組織運営の方法について聞いた時の答え。「上杉家では海老を汁にしたり、鯛を山椒味噌であえています。海老や鯛は、なぜ活造りにしてくれないのかと、不満を持っています」。

390

織田信長は、扇鼻紙《おうぎはながみ》を忘れても、刀脇差《かたなわきさし》を忘れない男だ。

ある者が、「信長は扇鼻紙を持っていなくて、教養がない」と言ったことに対する答え。戦国武将にとって大事なのは刀脇差であり、信長は油断がすることができない男だと言った。

武田勝頼
山本勘助
高坂昌信
内藤昌豊
馬場信房
山県昌景

*内藤昌豊《ないとうまさとよ》

生没 1522▼1575

武田四天王の一人。武略に長けた副将格。代表的な合戦にすべて参加。

391

あすなろうとは、口先だけの男だ。

今日はダメだが明日は必ず成功する、という人間は役に立たない。

*馬場信房《ばばのぶふさ》

生没 1515▼1575

武田四天王の一人。主な戦いに参加。『甲陽軍鑑』の編著者。

392

国を滅ぼし家を破る、四人の大将がいる。

四人の大将とは、馬鹿大将、賢すぎる大将、臆病大将、強すぎる大将である。

*山県昌景《やまがたまさかげ》

生没 1529▼1575

武田四天王の一人で、重臣。隊の軍装を「赤備え」とした。

393

戦はいつも初陣だと思って、一度も不覚をとらなかった。

合戦で必ず勝利するので、その秘訣を聞かれた時の答え。合戦は状況が同じことはない。いつも初陣だと思い、油断するなと言う。

＊武田四天王は、甲斐国の武田信玄に仕えた重臣で、馬場信房、内藤昌豊、山県昌景、高坂昌信の４人の総称。信玄の主要な合戦に参戦し功績を挙げて、馬場信房は信濃牧之島城、内藤昌豊は上野国箕輪城、山県昌景は駿河国江尻城、高坂昌信は信濃海津城の城主となった。

武田信繁《たけだのぶしげ》

甲斐武田氏十八代・武田信虎の子で、信玄の同母弟。武田二十四将で副大将。

生没 1525▼1561

394

身分の高い低いにかかわらず、
老いたる者を見下げて軽んじてはならない。

信繁家訓ともいうべき『異見九十九箇条之事』の中の言葉。『論語』や古典の文言を引きながら武田家としての守るべき道を説いている。父母に対しても、少しでも不孝のことがあってはならず、全力を尽くして仕えることとある。

395

親友といっても
淫乱雑談をしてはならない。
もし相手が話しかけてきたら、
目立たぬようにして
その座を立つべきである。

*396

たとえ心が知れた親類や
長年仕えてきた者であっても、
弱々しい態度を示すべきではない。

*396 武田信繁『異見九十九箇条之事』より。

真田昌幸《さなだまさゆき》

生没
1547
▼
1611

武田氏の家臣。上田合戦で2度、徳川軍を撃退。関ケ原の戦い後、九度山に配流。

397

それにしても口惜《くちお》しい限り。家康をこそ、このようにしてやろうと思ったのに。

関ケ原の戦いで昌幸は幸村と共に、石田三成の西軍についた。合戦後、九度山への流罪となり、悔し涙を流した。

＊ 398

上に錦を着ていても、心が愚かなら役に立たない。刀も同じだ。

真田信之《さなだのぶゆき》

生没
1566
▼
1658

真田昌幸の長男。上田藩の初代藩主、後に松代藩の初代藩主となる。

399

一番首より一番乗りが優れている。

最初に敵の首を討ち取る「一番首」は、自分一人の手柄を立てようという気持ちがある。しかし、最初に敵陣に突っ込む「一番乗り」は、軍団全体に勝ちをもたらそうとする行為だという。

400

杉菜を食べなくてすむことは、この国がよく治まっている証拠だ。

武田勝頼が没落した時は、食料が絶えて道端に生えている杉菜を食べたという。

＊398 刀の柄には特別な打ち方をした真田紐が巻いてあった。

真田幸村《さなだゆきむら》

真田昌幸の次男、信繁。大坂冬の陣で真田丸を造り徳川軍を撃退。夏の陣で家康を急襲。

生没
1567
▼
1615

401

戦の利というものは、機先を制するのが根本です。

1614年大坂冬の陣で、幸村は大坂城から出て戦うことを軍議で主張したが、採用されなかった。

402

笹山へ寄せてきたのは、鳥の狩猟のためか。獲物がいないから退屈であろうから、この出丸を攻めてみせよ。

1614年大坂冬の陣で、幸村は大坂城の外に真田丸を築いた。真田丸の前に笹山があり幸村の兵がここまで来て、「暇があるなら真田丸を攻めて見ろ」と挑発した。怒った徳川軍は真田丸を攻めるが、鉄砲と弓矢の迎撃にあい散々に撃退された。

403

信濃一国は申すまでもなく、日本の半分をもらっても、寝返るつもりはない。

家康の使者から、信濃一国をやるから味方になるよう説得されたが、これを断った。

404

関東勢百万と候《そうら》え、男は一人もなく候。

1615年大坂夏の陣の道明寺の戦いで、幸村は退却戦のしんがりを務めた。伊達政宗の追撃隊を見事に打ち負かした時に、幸村が嘲笑しながら言った言葉。

＊405

定めなき浮世にて候へば、一日先は知らざる事に候。

406

恩義を忘れ、私欲を貪り、人と呼べるか。

関ケ原の戦いの時、東軍と西軍の両方から味方になるよう誘いがあった。しかし、幸村はこう言って豊臣家への恩に報いることを誓った。

407

軍議をしていて、
二つの議論があり
どちらとも決めかねる時は、
ひそかに部屋に入り
一徳斎の像に礼拝して、
くじを引き、
どちらかに決めるといい。

一徳斎の像とは、祖先・幸隆の木像。この方法をとれば、祖神の教えであると思い勇敢になるし、たとえ失敗しても人の責任にならないという利点があると、幸村は語る。

＊405 大坂夏の陣を前に、姉の嫁ぎ先・小山田家（義兄）へ出した手紙。

今川義元《いまがわよしもと》

生没 1519▼1560

駿河の戦国大名。桶狭間の戦いで織田信長に敗れる。

408

童心を失くせ。

義元の息子・氏真《うじざね》は、文武の勉強を怠り、鳥を戦わせたり、犬を競争させるなどしていた。この様子を見て義元は、やがて今川家は潰れてしまうと思い、いつまでも子どものままでいるなと、戒めたのである。

太原雪斎《たいげんせっさい》

生没 1496▼1555

臨済宗の僧侶。今川義元を補佐して敏腕を発揮。

409

高く業鏡《ごうきょう》を懸《か》けて、六十年に満つ、手に任せて槌《つち》砕《くだ》き、生を平らかに飄然《ひょうぜん》とす。

業の六十年を、手に槌を持ち砕くように生きてきたが、いまは平穏な境地であると、末期に臨んで残した言葉。

＊ 410

末法万年に当たって正法を豁開《かつかい》す。

悟りがなくなった末法の世で、正しい仏法を起こすのが自分の使命であるとの意味。

＊410 出典／『武将と名僧』（百瀬明治著、清流出版）

今川義元
太原雪斎
斎藤道三
松永久秀

斎藤道三《さいとうどうさん》

生没 1494 ▼ 1556

美濃の戦国大名。息子・義龍と戦い討ち死にした。

411

俺の子どもたちは、あのたわけの門外に馬をつなぐことは間違いない。

斎藤道三が娘を信長に嫁がせて、初めて信長と対面した後に嘆いた言葉。自分の子どもが信長の家来になると予感し、実際に斎藤家は滅亡させられた。

412

俺はどうやら、義龍《よしたつ》を、見損なっていたようだ。

息子の義龍が父・道三に対して謀反を起こした。道三は息子が大将としての器量がないと思い、当主を変えようとしていた。しかし、義龍の戦いぶりが見事で名将であることを認めた。

松永久秀《まつながひさひで》

生没 1510 ▼ 1577

大和国の戦国大名。信長に降伏するが、反逆して自害。松永弾正《だんじょう》。

413

平蜘蛛《ひらぐも》の釜と我らの首の二つは、信長殿にお目にかけようと思わない。粉々に打ち壊す。

1577年、久秀は信長に背いて信貴山城で信長軍に攻められた。名器・平蜘蛛の茶釜を叩き割り、爆薬を仕込んで自爆した。

朝倉敏景《あさくらとしかげ》

生没 1428▼1481

朝倉氏の七代目。越前を統一。応仁の乱では西軍から東軍に。

414

人の上に立つ主人たる者は、不動《ふどう》明王《みょうおう》と愛染《あいぜん》明王《みょうおう》のようでなければならない。

＊

不動明王も、愛染明王も忿怒の形相をした仏教の神。不動明王はすべての煩悩を屈服させて人々を救済する。愛染明王は、愛欲を悟りに変える功徳がある。上に立つ者は二体の仏のようでなければならない。

415

奉公人のうちで、たとえ不器量、不調法な者であっても、一途な者には、愛憐の心で扱ってやらねばならない。

416

どんなに吉日であっても、大風に船を出したり、大勢の敵に一人で向かっていけば、その努力は報われない。

＊414　戦国期の最初の分国法（領国内を統治するために制定した法令）である『朝倉敏景十七箇条』の言葉。世襲制度を廃し、実力主義を採用すべきなど、合理主義を打ち出した。

朝倉宗滴《あさくらそうてき》

生没 1477▼1555

越前国の朝倉氏の家臣。参謀格として武威を高めた。

417

武者は犬とも言え、畜生とも言え、勝つことが本《もと》である。

武者は、犬や畜生とさげすまれようとも、どんな手段を用いても勝つことがすべてであるとの意味。『朝倉宗滴話記』より。

418

自分は百歳になっても、歩行がかなう間は武者を捨てはしない。

浅井長政《あざいながまさ》

生没 1545▼1573

北近江の戦国大名。妻は信長の妹。織田軍との戦いに敗れる。

419

そなたが命長らえて残ったならば、我の菩提《ぼだい》を弔ってほしい。

小谷城落城を前に、長政が妻・お市に言った言葉。

毛利元就《もうりもとなり》

安芸の国人領主から中国地方を制覇した。戦国最高の知将といわれ、策略で合戦に勝利。

生没 1497▼1571

420

善柔な性格の者は人に逆らわない。だから仲間からひいきされることが多い。主将がこの者を用いれば、国を治めることは難しい。

元就は、性格が善良な者は、勧善懲悪を実行することができず、組織を運営できないという。

421

一本の矢はたやすく折れる。しかし一つに束ねれば、折るのは難しい。お前たちはこのことをよく考えて、一和同心せよ。

有名な「三本の矢」の逸話。元就が臨終に際して三人の子ども（隆元・元春・隆景）を枕元に呼びよせてこう話したという。しかし、実際には元就よりも隆元が早世しているため、元就が書いた『毛利元就書状』をもとに創作されたとされる。

422

逃げる者は追わぬ。降ってくる者は拒まぬ。みな寛大な処置をする。

423

われ、天下を競望《けいぼう》せず。

元就は国人領主から始まり、中国地方の覇者となるが、これ以上勢力を拡大して天下を取ることは望まないと明らかにした。

*424

一年の計は春にあり
一月の計は朔《ついたち》にあり
一日の計は鶏鳴《けいめい》にあり。

425

百万一心

吉田郡山城の工事の時に、人柱の代わりに石碑にこの四文字を刻んで埋めた。「百万」の字を崩すと、「一日・一力」となる。「一日一力一心」で皆が力を合わせれば、何事も成し得るとの意味。

426

一芸もいらず、能もいらず、遊もいらず、履歴もいらない。日夜ともに武略、調略の工夫をする事こそ肝要である。

武者はまず武道を優先すべきで、芸事や遊び、学問・肩書などもいらない。基本を忘れると諸芸は害となるという。まさに謀略の天才の言葉。

*424 鶏鳴とは、鶏が鳴くことで、夜明けのこと。

小早川隆景《こばやかわたかかげ》

毛利元就の三男で毛利家の統率者。豊臣政権の五大老の一人。

生没 1533 ▼ 1597

427

危うい合戦は、大事の前の小事にある。戦ってはならない。

秀吉の中国攻めの時、荒木村重が謀反を起こした。そこで周りの人間は夜襲をかけようと提案したが、隆景はじっくりと作戦を練るべきだと反対した。

428

自分の心に合うことは、皆、体の毒になると思え。自分の心に難しいことは、皆、薬になると思え。

429

普段から門には、磔《はりつけ》の木があると思うべきである。

430

注意をすると、すぐにわかりましたという者がいるが、自分の意見を大切にする者はいない。

431

分別は長く思案して、遅く決断するのがいい。

小早川隆景 吉川元春 尼子経久 山中鹿介

吉川元春《きっかわもとはる》
生没 1530▼1586
毛利元就の次男。弟の隆景と共に毛利家発展の基礎を築く。

432
醜い娘を娶《めと》ることは、父には孝行となり、わが身を立てる基となるだろう。

父・毛利元就が誰の娘と結婚したいかを尋ねてきた。元春は、猛将である熊谷信直の娘を娶りたいと答えた。娘の容貌は醜く、嫁ぎ先はないと思っていたので、信直は感謝して仕えるだろうという策であった。

尼子経久《あまこつねひさ》
生没 1458▼1541
出雲守護代。山陰山陽の11カ国に勢力を拡大する。

433
剛は柔の終わり、虚《きょ》は実《じつ》の本《もと》なり。

急激に領土を拡大してそこを治めるには、剛と柔、虚と実などを両方を持たなければ政治はできないとの戒め。

434
参謀は格式高い扱いが必要だ。武士は、俸禄《ほうろく》が多いほど戦意が高まる。

山中鹿介《やまなかしかのすけ》
生没 1545▼1578
尼子氏の家臣。「山陰の麒麟児」。尼子家再興のため戦う。

435
願わくば我に七難八苦を与え給へ。

1566年、毛利元就の軍が尼子氏の居城・富田城を包囲した。食料が尽き、ついに尼子氏は滅びた。この時、鹿介は自分の守り神（兜の前立が半月）としている三日月にこのように祈り、尼子氏の再興を誓った。以後十二年間、執念を燃やすが叶わなかった。

長宗我部元親《ちょうそかべもとちか》

生没
1539
▼
1599

土佐の戦国大名。四国の覇者となるが、秀吉に降伏。

436

農民が作ったものを根こそぎ奪うのは、武士のやることではない。半分残せ。

敵の領土を平定した時、足軽に一帯の麦を刈らせた。農民のために麦を半分残しておけと命じた。

437

臆病というのは、胸の病である。

生まれつきの臆病はいない。必ず克服できる。

長宗我部盛親《ちょうそかべもりちか》

生没
1575
▼
1615

長宗我部元親の四男。関ケ原の戦いで西軍につき、浪人に。

438

私は大将である。葉武者《はむしゃ》なら斬り死にするか、自害もしただろう。

大坂の陣で盛親は、豊臣方に味方して、捕えられた。「なぜ自害しなかったのか」と徳川の武将から聞かれて、こう答えて、さらに、「いつか再び軍を挙げて徳川殿と戦いたい」と続けた。

長宗我部元親
長宗我部盛親
宇喜多直家
宇喜多秀家

439

このような卑しき食べ物をさし置く礼儀がどこにあるか。早く首を刎《は》ねるがいい。

大坂の陣で敗北して捕えられた盛親に、警護の者が飯を高く盛り上げてぞんざいに出した。盛親は怒りでこう言った。

宇《う》喜《き》多《た》直《なお》家《いえ》

生没 1529▼1582

備前国の戦国大名。謀略により勢力を拡大。中国地方三大謀将に数えられる。

440 ＊

東西南北の四組が緊張し、互いに助け合えば、国内で起こった難問題も解決できないことはない。

宇《う》喜《き》多《た》秀《ひで》家《いえ》

生没 1572▼1655

豊臣政権下の五大老の一人。宇喜多氏最後の当主。関ケ原の後、八丈島へ配流。

441

両軍が激突して、手痛く挑み戦って、それから勝敗を論じようではないか。

関ケ原合戦の時、徳川方の細川忠興から東軍に味方をするよう秀家の元に手紙が来た。そこで無用な言葉ではなく、戦って決着をつけようと返事を返した。

＊440 直家は、部下を東組、西組、南組、北組の四つの組に編成して、国内の問題を担当させた。

島津義久《しまづよしひさ》

薩摩の戦国大名。薩摩・大隅・日向の三州から、九州の大半を制覇する。

生没 1533▼1611

442

悪事は知らないうちに行ってしまう。だから悪人どもの絵画を掲げているのだ。

義久は自分の居室に大悪人の絵画を掲げていた。その理由が、悪事で国を滅ぼした人間を、反面教師として真似しないように心がけているというものだった。

443

家中の者から恐れられるようになろうとしては、かえって害が出てくるものだ。

444

目付を置いても、その目付の行いいかんによって、人々が従ったり従わなかったりする。

風紀の乱れを監督する目付を置くより、上の行いを正しくすることの方が大切である。

445

敵の首は、
実検するのに
それ相当の礼儀がある。
いかに女であろうとも、
武将の首を
足蹴の恥にあわせるとは許せぬ。

義久は、龍造寺隆信を討ち取り、その首を仇がある家臣の未亡人に送った。するとその未亡人はその首を踏みつけた。それを聞いた義久は怒って、こう言った。

446

良いことの五つは
真似しやすく、
悪いことの一つは
なかなか
やめられないものだ。

447

城門が茅《かや》葺《ぶき》で粗末であっても、
途中で目に入る国民の風俗を見れば、
富み栄え、仁政が厚く行われている
大事なところに気づくであろう。

城門が粗末であってもいい。領民が繁栄していることが大事であるとの信念を貫いた。

島津《しまづ》忠良《ただよし》

生没
1492
▼
1568

伊作島津氏当主。息子・貴久に守護職を譲り、日新斎と号する。

448 *

いにしへの
道を聞きても唱へても
わが行ひに
せずば甲斐なし

昔の偉人たちの教えを聞いたり、唱えたりしても、それを自分で実行しなければ値打ちがない。

島津《しまづ》義弘《よしひろ》

生没
1535
▼
1619

島津義久の弟で十七代当主。「鬼島津」の異名で知られる。

449

お前の顔を見ると、
将来必ず父を超えることが分かるぞ。

薩摩藩主・義弘は、家臣の子どもに会うのを楽しみにして、子どもたちにこう言葉をかけた。

450

そもそも日本は神国である。
仏天の擁護がなければ、
どうして運が開けよう。
平生の信心は、いまこの時にあり。

慶長の役で朝鮮に出兵し、義弘軍は二十万の敵軍に囲まれた。この時の義弘の言葉。危機を、神仏が救ってくれると確信する。この戦いで討ち取った敵の首は三万八七〇〇。島津側の死者は百数十人だった。

島津忠良
島津義弘
細川忠興

＊448『日新公いろは歌』より。54歳の時、神道、仏教、儒教の教えから武士の指針をいろは歌にまとめた。

細川忠興《ほそかわただおき》

肥後細川家初代。正室は明智光秀の娘・細川ガラシャ。茶人としても有名。

生没
1563
▼
1646

451

天下の政治は、四角いものに丸い蓋《ふた》をするようにするのが良い。

二代将軍秀忠が、政治を行うのに重要なポイントを聞いてきた時、忠興はこう答えた。四角い容器に丸い蓋をすると、キッチリとはまらないが、同様に政治もあまり細かくやりすぎず、大枠だけを押さえておけばいいという。

452

二度目までは教えるようにする。三度目には切ってしまうから、行儀がいいのでしょう。

ある旗本が、忠興の家臣たちはみな行儀がいいので、その理由を聞くと、忠興はこう答えた。

453

家中の者どもは将棋の駒と思うべきである。

忠興が自分の息子・忠利《ただとし》（肥後熊本藩初代藩主）に言った戒めの言葉。将棋の駒は、金銀、飛車、角など、それぞれの役割がある。さらに、一番大事なのは歩で、これを大事にしないと王は窮地に陥ると教えた。

龍造寺隆信《りゅうぞうじたかのぶ》

生没 1529▼1584

肥前の戦国大名。大友氏を破り九州三強の一人となる。

454

分別も長くしていると、結局は機会を逃してしまう。

455

天下守護の器量がある人間なら従うが、器量がなければ討ち果たしてくれる。

信長に代わって天下を制覇しつつあった豊臣秀吉が、九州まで侵攻してきた。その時の、秀吉に対する隆信の気持ち。

大友宗麟《おおともそうりん》

生没 1530▼1587

豊後のキリシタン大名。九州六ケ国に版図を拡げた。

456

もし悪人を殺すことも、そう命じることもしないのならば、いかにして領国を平和に統治しえようか。

457

皆、キリシタンになり、兄弟的な愛で一致して生きなければならない。

神の王国を造ることを目指して日向に攻め込むが、島津軍との戦いで敗れる。

鍋島直茂《なべしまなおしげ》

生没 1538▼1618

龍造寺隆信の家老で実権を掌握。秀吉に信任されて、肥前佐賀藩の藩祖となる。

458

もっと顔を上げて、
時には法螺《ほら》を吹いて、
大言壮語するような
気風を養わなければ、
役に立たなくなる。

459

人間には上中下の三種類がある。
上というのは、他人の良い分別を、
自分の分別とする人間である。
中というのは、他人から意見をされて、
それを自分の判断に変える人間である。
下というのは、他人から良いことを言われても、
ただ笑って聞き流す人間のことだ。

460

時節が到来すれば家は崩れるものである。
その時、崩すまいとすれば、汚く崩れる。
だから思い切って崩したほうがいい。

時が来れば物事は壊れるものだ。その時に往生際が悪いと、かえってひどい事態になる。思い切って壊してしまえば、逆に持ち直すこともあるの意味。

461

重大なことは
鼻歌交じりで、
大したことはないと
考えた方が
いい判断ができる。

高橋紹運《たかはしじょううん》

豊後大友氏の家臣。立花宗茂の実父。立花道雪に嫡男を養子に出す。

生没
1548
▼
1586

462

今後はわれを親と思うな。敵味方になれば鑑連《あきつら》(立花道雪)の先鋒となって、間違いなくわれを討ち取るがよい。

紹運は、息子の統虎《むねとら》を師であり一心同体となっていた立花道雪の養子に出す。その時に、剣を与えて言った言葉。

463

男子たる者、空腹で力がなければ、重大事の死に臨んで、何を力にして立派な死を遂げることができるだろうか。

合戦の夜討ちの後、飯が喉を通らない兵たちに言い、大きな握り飯を四つ、五つと食べて見せた。

464

少しも色好みの浮いた気持ちで妻を迎えるつもりではありません。

合戦が続いたためになかなか結婚できなかった許嫁を、ようやく迎えようとした。相手の兄から「妹は天然痘をわずらい醜女になってしまい、とても妻に差し上げられません」といってきた。これに対して紹運がこのように言い、妻を迎えた。

465

たとえ堅固な城に立て籠もったとしても、人の心が一つにまとまらなければ何の役にも立たない。

立花宗茂《たちばなむねしげ》

生没 1567▼1643

大友氏の重臣。筑後柳河藩の初代藩主。関ケ原の戦い後、改易されて浪人に。その後、大名として復帰。

466

**戦いは
兵の多少で
決まるのではない。
一つにまとまった兵でなくては、
大人数であっても
勝利は得られない。**

467

善悪のいずれも、
結果の勘定が合いさえすれば、
それでよしとすべきである。

＊立花道雪《たちばなどうせつ》

生没 1513▼1585

大友家の三宿老の一人。北九州各地を転戦し毛利氏に対抗。高橋紹運は盟友。

468

本来弱い士卒という者はいない。
もし弱い者がいたなら、
その人が悪いのではなく、
大将が励まさないことに罪がある。

469

武功には運不運がある。
そなたが弱くないことは
私が見定めた。
明日、戦に出ても、
人にそのかされて
抜け駆けして討死するな。
それは不忠である。

＊道雪の最初の名は、鑑連《あきつら》。男子がいなかったので、高橋紹運の子を養子として後継ぎにする。

戦国武将の手紙

470

島津忠良⇒孫・義久に宛てた手紙

国家のためには、身命《しんめい》をも軽んじ、世を重んじ、私《わたくし》をも捨て、誤りをも改め、腹立たしくなくても怒り、怒りたいときはこらえ、聖人の言葉をも恐れて、理法《りほう》に心底から任せられれば、すなわち天道神慮《てんどうしんりょ》にかなうであろう。

島津忠良（島津家中興の祖）⇒P140
島津義久（忠良の孫。島津氏第十六代当主）

471

上杉景勝⇒武蔵国岩槻城主・太田資正《すけまさ》に宛てた手紙

謙信の遺言によって、景勝は実城《みじょう》に移ることを、いろいろと考慮致しましたが、周囲の意見に従いました。すべてのことは謙信が存命中と変わりはないので、どうか安心してください。

上杉謙信が亡くなり、領土の内外が不安になる。そこで、景勝は実城（春日山城の本丸）に自分が移り、これまでと変わらないように行うので安心してほしいと、近隣の大名へ言っているのである。

上杉景勝⇒P113　太田資正（武蔵国岩槻城主）

472

斎藤道三 ⇓ 末子に宛てた手紙

美濃国において、領地もついには織田信長に任せるほかはないので、譲状を信長に対して渡すよう遣わせた。そのため信長は、下口《しもぐち》へ出陣してくる目前である。

斎藤道三は、息子義龍と争い敗死するが、その前日に、末子児《ちご》に宛てて手紙を書いた。領土は信長に譲ること、末子児《ちご》は出家するよう言い残している。信長は、道三を救援するために出兵するが、間に合わなかった。

斎藤道三 ⇓P 129

473

北条氏康 ⇓ 七男・氏秀に宛てた手紙

酒の振る舞いは、朝食に定めるべきで、大酒はよろしくない。三杯と決めること。

武田信玄の養子となった氏秀は、北条氏と敵対関係に。以降、酒浸りの生活になったという。それで氏康は、手紙を出して戒めた。

北条氏康 ⇓P 109

北条氏秀（氏康の七男。武田信玄の養子。後に謙信の養子（景虎）となる）

474

上杉謙信⇓僧侶・天室光育《てんしつこういく》に宛てた手紙

古人《こじん》も「功成り名を遂げたからには身を退くものだ」といっていますので、私もこの言葉を受けて、遠国へ行き心中のことを定めたく思います。

謙信は二十七歳の時、出家を志して春日山城を出て高野山へ向かった。その際、天室光育に手紙を送った。しかし、家臣たちが必死に押しとどめて、謙信は出家を諦めた。

上杉謙信 ⇓P 110

天室光育（謙信の幼少からの師）

475

武田信玄 ⇓ 寵童《ちょうどう》・春日源助《げんすけ》に宛てた手紙

弥七郎にたびたび言い寄ったことはあるが、彼は腹痛だといって断ってきた。全く偽りはない。これまでも、弥七郎と寝たことはない。昼夜ともに弥七郎と関係はなく、まして今夜はそんなことがあろうはずもない。

信玄が弥七郎と寝ているという噂に、源助が焼きもちを焼き、腹を立てたので、信玄がなだめて怒りを鎮めている。

武田信玄 ⇓P116
春日源助（のちの高坂弾正で武田家の重臣となる。武田の兵法書『甲陽軍鑑』の著者でもある）

476

織田信長 ⇓ 秀吉の正室・おねに宛てた手紙

そなたの美しさ、容貌までいつぞや拝見した時よりも、十のものが二十ほども見上げたものになっています。藤吉郎《とうきちろう》（秀吉）がそなたのことを不満であると申しているが、言語道断である。どこを訪ねても、そなたほどの女を、あの禿げ鼠《ねずみ》は求めることはできないでしょう。

信長はおねの美貌を褒め上げて、秀吉の浮気は言語道断と言う。その上で、やきもちはいけない、と戒めた。

織田信長 ⇓P54
おね（秀吉の正室。北政所《きたのまんどころ》の称号を許される）

477

滝川一益 ⇓ 大郎五郎という人間に宛てた手紙

この度は武田を討ち果たして、信長公から望みを尋ねられたら、小茄子《こなす》の茶入れをいただきたいと申し上げるつもりであった。ところがこのような遠国に置かれてしまったので、もはや茶の湯などすることができなくなってしまった。

一益は、甲州武田討伐で手柄を立てて、信長から褒美として信濃を与えられ、関東管領に任命された。しかし、当の一益は、領土や肩書よりも名物の唐物の茶入れが欲しいと言っている。当時は、一国一城よりも名物茶器の方が、価値があったのである。大郎五郎がどのような人物なのかは明らかではない。

滝川一益 ⇓ P62

478

島津義久 ⇓ 細川幽斎に宛てた手紙

秀吉のことは、由緒もない出自の人物であると、世間では噂している。島津家は、頼朝以来、変わることのない家柄である。それなのに、秀吉に関白殿下扱いの返書を出すのは、笑止の限りである。

1585（天正13）年、秀吉は関白になり、九州で抗争していた大友氏と島津氏に対して抗戦をやめるよう勧告する。その秀吉の外交窓口をしていたのが幽斎であった。その相手に、秀吉は成り上がりだと、言っている。

島津義久 ⇓ P138　細川幽斎（秀吉の外交窓口）

戦国の僧侶

安国寺恵瓊《あんこくじえけい》

臨済宗の僧侶。毛利氏の外交僧で秀吉との交渉窓口。関ケ原の戦いで斬首。

生没 1539▼1600

479

今の世情をみると、
男も衣裳も言葉使いも
さわやかになっているが、必要ではない。
どのような身分の者であっても、
駆ける馬が一匹いれば、公用はつとまるものだ。

＊480

信長の代、五年や三年は持つでしょう。
来年あたりは公家などになるだろうとお見受けしました。
ただその後、高転びに仰向けに転ばれるでしょう。
藤吉郎は「さりとては」の者でございます。

天海《てんかい》

生没 1536▼1643

天台宗の僧侶。徳川家康の側近として、政治に関与した。

481

気は長く、
勤めは固く、
色うすく、
食は細うして、
心ひろかれ。

一〇八歳という長命であった天海の長寿法。

＊480 安国寺恵瓊が京都の情勢を報告する手紙の中で、本能寺の変と秀吉の躍進を予言した言葉として知られる。「さりとては」とは、悪くないといった意味。

快川紹喜《かいせんしょうき》

生没 ?▼?

臨済宗の僧侶。武田信玄の帰依を受け、甲斐恵林寺に入寺。

482

心頭滅却すれば、火もおのずから涼し

織田信長の甲州征伐で、武田氏が滅亡。信長に敵対していた武将を恵林寺で匿っていたため、信長は引き渡しを命じた。しかし、和尚は要求を拒否。信長は僧と共に恵林寺を焼討ちする。その時の和尚の辞世の言葉である。

483 ＊

国主の立場にある人が、軽々しく刀をもてあそぶものではありません。

武田信玄が三十歳半ばの頃、快川と出会い、その力量を試したことがある。快川の背後からいきなり刀の刃を鼻先に突き付けたのだ。その時に、快川が信玄に言った言葉である。以来、信玄は一度も刀を手にしなかったという。

蓮如《れんにょ》

生没 1415▼1499

浄土真宗の僧侶。本願寺第八世。本願寺中興の祖。

484

諸々の雑業雑修《ぞうぎょうざっしゅ》の悪い執心を捨て、阿弥陀如来の悲願に帰し、一心に疑いなく頼む心の一念の起こる時、阿弥陀如来は光明を放って、必ずその人を迎え入れ救済してくださる。

＊483 出典／『武将と名僧』百瀬明治著 清流出版

関《せき》ケ《が》原《はら》の戦い

1600（慶長5）年9月15日、関ケ原を主戦場として行われた合戦。天下分け目の戦いとも呼ばれる。徳川家康を大将とする東軍と、石田三成を中心とする西軍が対決。東軍が勝利する。

485

われ、ここで天下の勢を引き受け、百分の一にも対し難き人数をもって防ぎ戦い、目覚ましく討ち死にせん。

徳川家康が上杉討伐で会津に向かう時、元忠に伏見城の留守を頼んだ。元忠の兵は一八〇〇。そこに石田三成の十万もの大軍が押し寄せ、元忠は奮戦したが討ち死に落城した。

鳥居元忠 ⇓P98

486

鉄砲隊を松尾山に差し向けて威嚇すれば、必ず動き出す。

徳川家康 ⇓P84

487

臆病神がついているのでは、百万の勢力があっても、戦いには負ける。

関ケ原合戦の緒戦である岐阜城の戦いで、西軍は敗れた。西軍の大将たちは岐阜を放棄して関ケ原に撤退する作戦に切り替えると言ったが、行長は反対した。行長は夜襲をかけて、その結果で決めるべきだと主張した。

小西行長 ⇓P73

488

秀頼公が十五歳になるまで、関白職と大将軍職を秀秋公へ譲り渡します。

石田三成ら西軍の六将が、小早川秀秋に送った四箇条の誓詞の中の一つ。秀秋に西軍の味方になるよう説得した。

石田三成 ⇒P72

489

キリシタンなので、宗教の掟で自害することはできないのだ。

西軍が敗戦した後、行長は、伊吹山の廃寺に逃れ潜んでいたところを、町人に捕えられた。町人は自分の脇差を出して、行長に自害するよう勧めたが、行長はこう言って捕縛された。

小西行長（西軍の将） ⇒P73

490

かくなる上は、我々が自力で敵中を突破して、薩摩隼人の心意気を敵・味方なく示して見せよう。

島津義弘 ⇒P140

491

路次《ろじ》を昼夜とも急いだのですが、街道の道が険しいため遅れてしまい、ご迷惑をおかけしていることをご推量ください。

秀忠が、黒田長政に送った手紙で、関ケ原に遅参した言い訳をしている。秀忠は、関ケ原に向かう途中、上田合戦で真田軍と戦い大敗する。

徳川秀忠 ⇒P182

こころ 夢

492

よき夢を見するがな。

いい夢を見させてあげよう、との意味。豊臣秀吉は人を喜ばせることが好きで、この言葉を口癖としていた。

豊臣秀吉 ⇒P66

493

中国の全部とは愚かなことだ。日本全部を持つと、祈ればよいものを。

元就が十二歳の時、厳島神社に参拝した。家臣に何を祈ったかと聞くと、その者は「殿が中国を全部持てるように祈りました」と答えた。それに対して元就が返した言葉。

毛利元就 ⇒P132

494

四十九年 一睡夢《いっすいのゆめ》 一期栄華《いちごのえいが》 一盃酒《いっぱいのさけ》

辞世の句。厠から出た謙信は、突然倒れて意識を失った。四十九年の自分の生涯は、ひと眠りの夢のようだ。この世の栄華も、一盃の酒と同じである、との意味。

上杉謙信 ⇒P110

495

我々はただ、天下の全権を握るのみ。

世界を制覇する海運企業になるという野望を、弟の弥之助に宛てた手紙。

岩崎弥太郎 ⇒P292

496

我は四国の蓋《ふた》になる。

土佐一国の領主であった元親が、阿波、讃岐、伊予へ侵攻して、四国制覇を目指した言葉。

長宗我部元親 ⇒P136

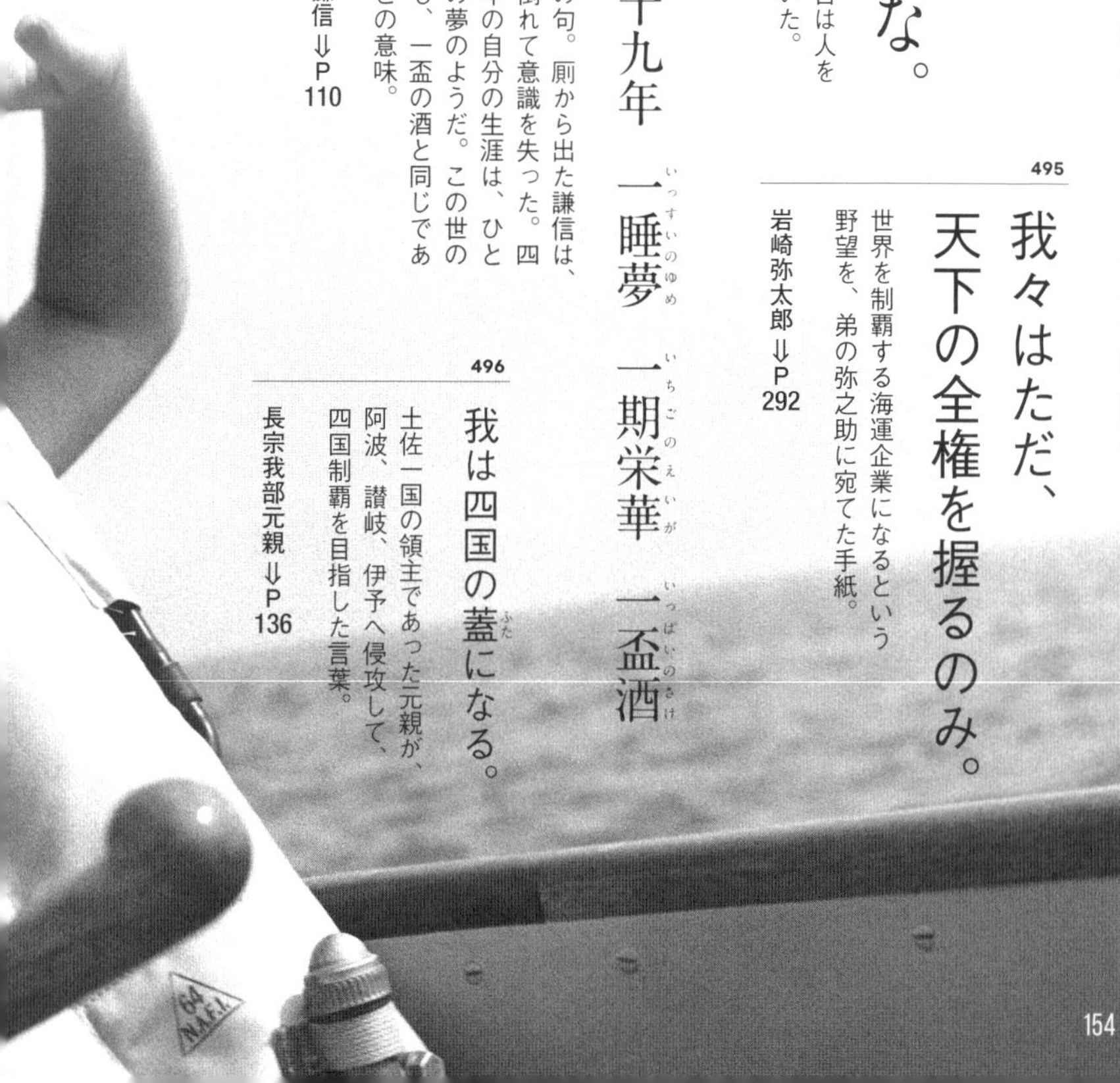

497

左様さ、世界の海援隊でもやらんかな。

大政奉還が実現した後で、龍馬は新政府の官職に入ることを嫌った。西郷から、「では、何をするのか」と質問された時の、龍馬の答え。

坂本龍馬 ⇒P240

498

三千世界《さんぜんせかい》の烏《からす》を殺し、主と朝寝がしてみたい。

三千世界とは、仏教用語で十億個の須弥山《しゅみせん》世界が集まった空間のこと。つまり、あらゆる世界の朝からうるさい烏を殺して、愛するお前と朝寝を楽しみたい、との意味になる。高杉が三味線を弾き、作ったとされる都々逸《どどいつ》。高杉の生涯は波乱に満ちていたが、主（愛人の芸者・おうの）と至福の時を過ごしたかったのかもしれない。

高杉晋作 ⇒P250

499

何事も願いさえすれば、叶うものである。昔は松茸《まつたけ》も檜《ひのき》もなかったが、願ってできたのである。

山本常朝 ⇒P178

発想法

500

刀剣、短かければ、一歩を進めて、長くすべし。

刀が短くて相手に届かなければ、一歩踏み込んで倒せばいい。

柳生宗矩 ⇒P176

501

災難に遭う時節には、災難に遭うのがいい。死ぬ時節には、死ぬのがいい。これは災難を逃れる妙法である。

良寛（曹洞宗の僧侶、歌人。20数年間諸国を行脚。寺を構えず清貧に徹した）

502

世の中に不足というものや、不平というものが、始終絶えぬのは、一概に悪くもないよ。これも世間進歩の一助だ。

勝海舟 ⇒P268

503

改めても益のないことは、改めないのがよいのである。

吉田兼好⇓P31

504

これで片足がなくなったから、血のめぐりがよくなる。

1889年、大隈は右翼から手榴弾を投げられて、右膝の関節に被弾して、骨が砕けた時に、冗談めかしてこう言った。

大隈重信⇓P290

505

信じることには偽りが多く、疑うことには真理が多い。

福沢諭吉⇓P290

出典／『現代語訳 学問のすすめ』福沢諭吉 齋藤孝訳 ちくま新書

こころ

悟り、諦め

506

困苦艱難《こんくかんなん》にあうと、誰でもここが大切な関門だと思って、一生懸命になるけれど、これが一番の毒だ。

一生懸命になっては、とても根気が続かん。

勝海舟 ⇒P266

507

人は心のおきようにより、苦にも楽にもなる。人の一生のうちで五年、七年の苦界に入ることは身の薬になることがある。必ずしも憂うことはない。

政府高官の暗殺未遂事件で、陸奥は山県監獄に入る。境遇を諦観して、妻に手紙を書いた。1881年5月10日付、亮子宛て書簡より。

陸奥宗光 ⇒P264

508

私はもともと道に迷う凡夫《ぼんぷ》であって、愚かな迷いが深いので、迷っていることすら気づかない。しかし、たとえ悟りに至らなくても、もし道を求める心さえあるなら、たちどころに自然に成仏することであろう。

一休宗純 ⇒P32

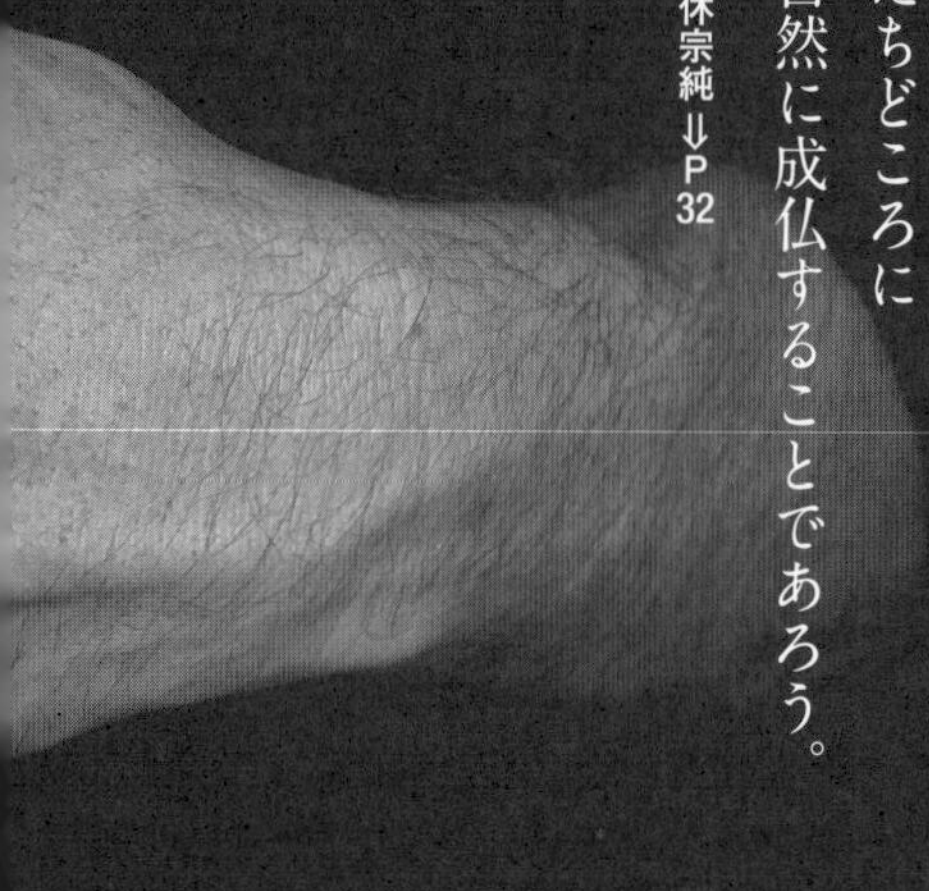

509

牢屋にはいって毎日毎夜、
大地震にあっていると思えば
いいじゃないか。

咸臨丸で太平洋横断航海の時、荒天が続き船は大波に翻弄されたが、福沢は乗組員にこう話した。

福沢諭吉 ⇒P288

510

私は天地の神に対して、
恥じることは何もない。
いよいよこれより心を定め、
静居して天下を見定めていきたい。

明治14年の政変で、伊藤博文と対立して、大隈は政界から追放される。この時の大隈の心境。天地に恥じることはなく、これからは心を定めて、静かに暮らして天下を見ていきたいとの意味。

大隈重信 ⇒P290

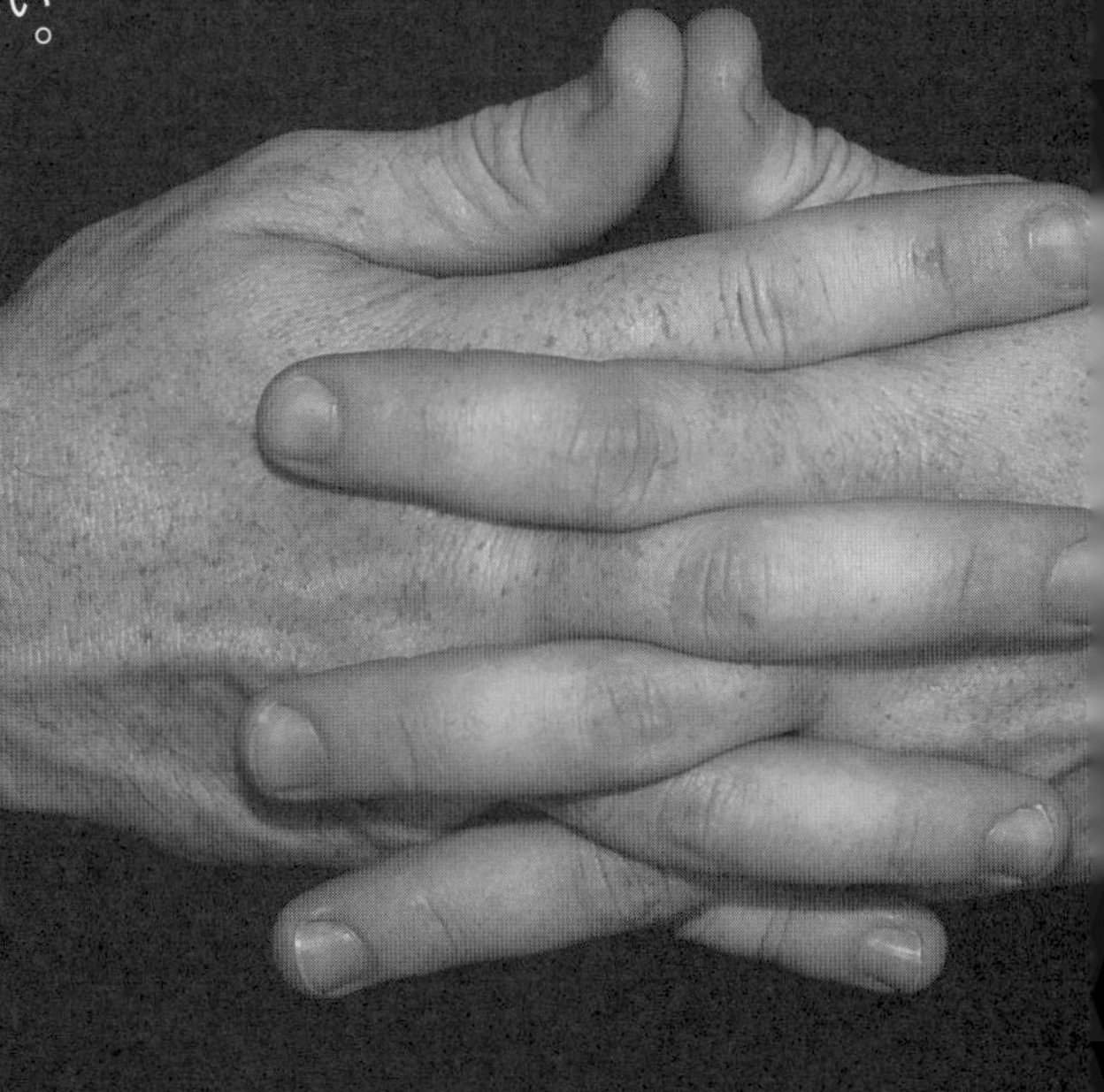

511

無用なことはしない
と知ることが、
すなわち能の奥義である。

世阿弥 ⇒P34

こころ

神と仏

512

神というものは、もともと形のないものだ。この長いばかりの蛇がなんで神であろうか。

謙信が諏訪神社にお参りしている時、大蛇が出てきた。巫女がこれは神様であるという。すると謙信は、鉄砲で蛇を撃って、傷ついた蛇は姿を消した。

上杉謙信 ⇓P110

513

仏神を信ずること。仏の心に叶えば、加護が得られる。

武田信繁 ⇓P124

514

神は村の鎮守であり、貴賤上下を問わず生活の基盤としているものだ。だから、神社の祭礼とか恒例の神事などは、日時や形式、内容すべて乱すべきではない。

武田信玄 ⇓P116

515 *

数度の合戦で勝利を得たが、武力によってではない。すべて神明《しんめい》仏陀の加護によるものだ。

北条氏康 ⇓P109

上杉謙信
武田信繁
武田信玄
北条氏康
一休宗純
吉田兼好
宮本武蔵

＊515 祖父・早雲は神仏を信仰し、『早雲寺殿廿一箇条』で遺訓とした。

516

六年間の
飢えと寒さの中での釈迦の苦行は、
骨身に堪えるほど辛かったろう。
こうした苦行こそ
仏祖として奥深く大切なところだ。
苦労なくして、生まれたままで
釈迦ができあがったのではないことを
信じなければいけない。

一休宗純 ⇓P32

517

老年になったら
仏道を心がけようと待っていてはならない。
ふいにこの世を去ろうとするときになって、
やっと過ぎてきた生涯の
誤っていたことに気づくであろう。

吉田兼好 ⇓P31

518

神仏を崇《たっと》びて神仏に頼らず。

宮本武蔵 ⇓P170

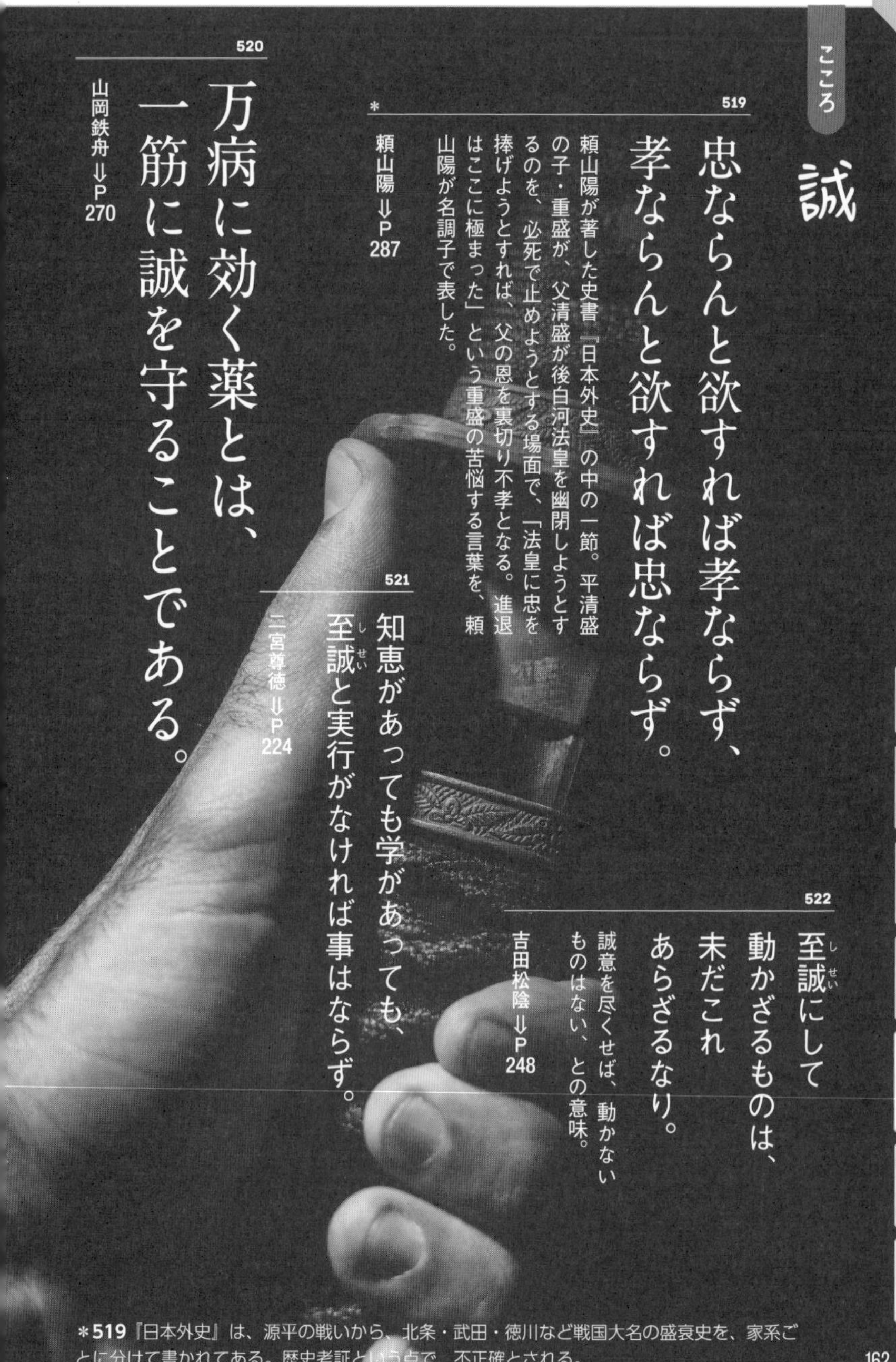

こころ

誠

519

忠ならんと欲すれば孝ならず、孝ならんと欲すれば忠ならず。

頼山陽が著した史書『日本外史』の中の一節。平清盛の子・重盛が、父清盛が後白河法皇を幽閉しようとするのを、必死で止めようとする場面で、「法皇に忠を捧げようとすれば、父の恩を裏切り不孝となる。進退はここに極まった」という重盛の苦悩する言葉を、頼山陽が名調子で表した。

* 頼山陽 ⇒P287

520

万病に効く薬とは、一筋に誠を守ることである。

山岡鉄舟 ⇒P270

521

知恵があっても学があっても、至誠《しせい》と実行がなければ事はならず。

二宮尊徳 ⇒P224

522

至誠《しせい》にして動かざるものは、未だこれあらざるなり。

誠意を尽くせば、動かないものはない、との意味。

吉田松陰 ⇒P248

＊519『日本外史』は、源平の戦いから、北条・武田・徳川など戦国大名の盛衰史を、家系ごとに分けて書かれてある。歴史考証という点で、不正確とされる。

義

523

殿下の恩賞は、
私のような者には
誠に重いものがあります。
しかしながら、
私は代々
徳川家の家臣です。
義を守らなくては
なりません。

小田原征伐の後、豊臣秀吉は、大久保忠世を招いて、小田原の領地を与えてやると言った。さらに、もし豊臣と徳川が戦うことになれば、どちらの味方をするかと質問した。それに対して、忠世が答えた言葉。秀吉は「さすが徳川殿の家臣」と褒めたという。

大久保忠世 ⇓P96

524 *

武士たる者は、
「義」をもっぱらに守るべきである。
義を違えては、たとえ一国二国を切り取っても、
後代の恥辱はどれほどか分からない。

北条氏綱 ⇓P109

525

欲、命、義。
この三つのうち、
最も重んずべきは、
義なり。

沢庵宗彭 ⇓P218

＊524 氏綱の遺言状「書置《かきおき》」の言葉。

戦国の妻たちの言葉

戦国時代の姫たちの多くは、個人的な恋愛ではなく、家を存続させるための政略結婚により嫁いでいった。そのため妻になると、夫を助け家と子孫を繁栄させるための行動と、名言が誕生した。

526

大事な集まりのお金を、心配なさいますな。

明智光秀の浪人時代に、同志たちと輪番で酒と食事を出して集まる会があった。光秀の順番になったが、お金がない。その時に妻が言った言葉。大切な髪を切って、お金を捻出したのだった。

明智光秀の妻

527

鬼の女房は、蛇に限ります。

ある時、職人が庭の松の剪定をしていたが、誤って忠興が大切にしていた枝を切り落としてしまった。忠興は怒って、その職人を成敗した。それを見ていた妻は、食事している間、何も言わなかった。そこで忠興は、妻に「お前は蛇のように冷静だ」というと、ガラシアはこう言い返した。

細川ガラシア（細川忠興の妻。明智光秀の娘でキリシタン）

528

我ら一人、生き長らえれば、あれは浅井の女房ではないかと、後ろ指を指されることが悔しくございます。一緒にお供させてください。

小谷城落城の時、夫浅井長政に一緒に自刃したいと言った。

お市の方《かた》（浅井長政の妻）

明智光秀の妻
細川ガラシア
お市の方
淀殿
愛姫
小松姫

529

戦に臨んで
討ち死にするのは、
覚悟の上と言っても、
この大軍が攻めてきては
秀頼の運を開くこともできない。
和議を図るべきである。

大坂冬の陣で、徳川方と和議を結ぶよう命じた。しかし、夏の陣では秀頼と共に自害する。

淀殿（豊臣秀吉の側室。秀頼の母）

530

私の身は心配してはなりません。
匕首《あいくち》を常に懐に抱いて、
誓って他の辱めは受けません。

豊臣秀吉は天下統一の仕上げに、奥州平定のため会津黒川城に入る。この時、秀吉は、愛姫と対面して京都の聚楽第に住むように命じる。人質となった京都から、政宗に送った手紙である。愛姫は、徳川の時代になると、江戸に移り、人質生活を送った。

愛姫《めごひめ》（伊達政宗の正室）

531

留守をうかがい、父の名前を語ってくる曲者がいます。
皆で打ち向かって討ち取ってくれよう。

関ケ原の合戦の際、真田父子が話し合い、父昌幸・幸村が西軍につき、信之は東軍につくことを決める。昌幸は上田城への帰りに、沼田城に立ち寄ろうとしたが、小松姫は敵は城の中に入れるわけにはいかない、との毅然とした態度を見せた。

小松姫（沼田城主・真田信之の妻。真田昌幸の娘）

戦国武将の遺言

532

当方滅亡

扇谷定正は、力が強くなりすぎた道灌を恐れて家臣に暗殺させた。道灌は、入浴後に風呂場から出たところで斬り倒され、死に際にこう言い残した。自分がいなくなれば扇谷上杉家に未来はないという意味。

太田道灌 ⇒P107

533

私が死んだあと、おまえは必ず増地となるだろう。三万石までは本多家に賜るものとしてお受けせよ。だがそれ以上は決して受けてはならない。もし辞退しなければ、禍《わざわい》が降りかかるだろう。

嫡男・正純《まさずみ》への遺言。だが正純は父親の言葉に従わず十五万五千石の宇都宮城主となる。やがて秀忠に「日頃の奉公が悪い」と処罰されて凋落した。

本多正信 ⇒P97

534

私が死んだら三年間、死を隠すこと。葬儀は無用である。私の遺骸は具足を着せて、諏訪の湖に三年後に沈めるように。

武田信玄 ⇒P116

太田道灌
本多正信
武田信玄
高橋紹運
佐久間盛政
豊臣秀吉

535

首を取らせてこそ、義を守って討ち死にしたことが分かる。死体が見えなければ、逃げたと思われるであろう。

1586（天正14）年、島津軍五万の軍勢が紹運の岩屋城（兵七六三人）に押し寄せた。味方が残りわずかとなり、家臣が館に火を放つことを進言するが、紹運はこう言って自刃した。

高橋紹運 ⇒P144

536

車に乗せ、縄で縛られている様を、人に見物させて、一条の辻より下京へ引廻されればありがたい。

賤ヶ谷の戦いで豊臣秀吉と戦い敗北し、捕えられる。秀吉は自分の家臣にしようとしたが、盛政は秀吉の好意に感謝しながらも、責任を痛感して処罰を望んだ。

佐久間盛政
（織田氏の家臣。信長が亡くなると秀吉と対立する）

537

露と落ち　露と消えにし　わが身かな　難波のことも　夢のまた夢

豊臣秀吉の辞世の句。天下を統一して絢爛豪華な大阪城を築いた自分も、まるで朝露のように生まれ、儚く死んでいくのだ。

豊臣秀吉 ⇒P66

戦国武将の遺言

538

紅炉上、一点の雪

龍造寺隆信 ⇒P142

有馬・島津連合軍と戦い敗北し、討ち取られた時の辞世の句。熱い炉の上に、雪を置いてもすぐに溶けてしまうように、自分の迷いもなくなった。

539

切腹を与えられたことは、武士として末代の名誉であります。

1581（天正7）年、秀吉は四万の大軍で鳥取城を兵糧攻めにする。城内は人肉を食すほどの惨状になり、経家はすべての籠城者の命を救う条件で切腹した。

吉川経家（毛利氏の家臣。秀吉の中国攻めの際、鳥取城を守備した）

540

葬儀には金をかけるな。仏事に一生懸命になってはならない。ただ国を治め、民を安らかにすること、これがわしの最も好む志である。

息子長政への遺訓。

黒田官兵衛 ⇒P68

541

曇りなき心の月を先だてて浮世の闇を照してぞ行く

伊達政宗 ⇒P102

3 熟成〈JYUKUSEI〉の章——江戸時代

山《やま》本《もと》常朝《じょうちょう》 542

武士道というは、死ぬことと見つけたり。

＊**542** 佐賀鍋島藩士・山本常朝が武士としての心得を口述し、まとめた『葉隠《はがくれ》』の冒頭にある言葉。この意味は、「生か死かいずれかを選ぶ状況のときは、死を選ぶべきである」ということ。ただし、その後で「我は、生きる方が好きなり」とも言っている。つまり、単純に死を美化することではなく、常に死ぬ覚悟で事に臨めば、落ち度なく果たすことができるということである。**山本常朝⇒P178**

宮本武蔵《みやもとむさし》

剣豪。二天一流兵法の開祖。六十余回の勝負を行い、すべてに勝利。『独行道』『五輪書』を記す。

生没 1584▼1645

543

千日の稽古を鍛《たん》とし、万日の稽古を練《れん》とす。

宮本武蔵が記した兵法書『五輪書《ごりんのしょ》』の中の言葉。「地・水・火・風・空」の五巻に分かれ、この言葉は、水の巻の最後にある。この巻では二天一流での心の持ち方、姿勢、構え、打ち方など、実際の剣術に関することが書かれている。いずれもよくよく鍛錬して、吟味することが大事であると、説いている。

544

上手になりては、はやく見えないものである。上手のすることは、ゆるゆると見えて、間が抜けていない。

545

一道万芸に通ず。

芸とは、修練によって得られる技能。何か一つの道を極めれば、どんな芸にも通じるとの意味。

546

諸芸諸能を道とみなせば、
万事において自分に師匠はいらない。

547 *

われ、事において後悔せず。

548

剣術の道理を明確に見分ければ、
一人の敵に自由に勝つときは、
世の中すべての人に勝つことができる。

549

大将は大工の棟梁《とうりょう》として、
天下の尺度をわきまえ、
国家の尺度を正し、
わが家の尺度を知るのが、
棟梁の道である。

＊547『独行道』より。

550

敵が山と思えば
海としかけて、
海と思えば
山としかけるのが
兵法の道である。

『五輪書』火の巻の中の、「山海の心」についての言葉。武蔵は、敵と戦う時は、同じことを繰り返すのは悪いという。敵に技をしかけて成功しないときは、全く違ったやり方で敵の意表を突くことが、兵法の道であると説いている。

551

身を浅く思い、世を深く思う。

552

平常の身体のこなし方を、
戦いの時の身のこなし方とし、
戦いの身のこなし方を
平常の身のこなし方とすることが
肝要である。

553

武士の兵法を行う道は、何事においても人に優れるところを本《もと》とする。

554

鼠《ねずみ》の頭、牛の首。

細かいところに気を取られて、もつれる時は、鼠の頭から牛の首を思うように大きな視点に局面を転換することが重要であると説く。

555

構えあって、構えなし。

『五輪書』水の巻の中にある「有構無構《うこうむこう》の教え」。太刀の形は、五つの方向（上、中、下、右、左、左のわき）に向けることを、構えとすることができる。しかし、決まった形にとらわれることは悪いという。状況に従い、敵を斬りやすいように太刀を持てという。

剣豪

上泉信綱《かみいずみのぶつな》

生没 1508▼1577

上州出身の兵法家。剣聖。新陰流を大成した。袋竹刀を発明。

556

兵法は、人の助けに使うものではない。進退きわまった時、一生一度の用に立てるためである。

557

「武」という文字は戈《ほこ》を止めるという意味からなる。最高の「武」というのは決して武器ではない。いかなる暴刀に対しても素手でそれを制し、剣を抜かずに敵の荒い心を静める。

信綱が完成させた「無刀取り」の理念である。

塚原卜伝《つかはらぼくでん》

生没 1489▼1571

戦国時代の剣豪。鹿島神宮の神官の一族。鹿島新当流を開いた。

558

馬は跳ねるものということを忘れて、うかつに通ったのは怠りである。

卜伝の弟子が、馬の後ろを通りかかると、突然馬が跳ねて蹴りつけた。その弟子は飛びのいてかわしたが、その様子を卜伝が見て、鹿島新当流の極意である「一の太刀」を伝授する器ではないとつぶやいた。つまり、危険は事前に察知するものということである。

佐《さ》々《さ》木《き》小《こ》次《じ》郎《ろう》

生没 ?▼1612

剣客。号は岩流。宮本武蔵との巌流島での決闘で知られる。

559

十八歳の時、師のもとを去り、自ら剣の流派を立てて岩流《がんりゅう》と号する。両者、真剣をもって雌雄を決したい。

剣豪・宮本武蔵との巌流島での対決の時、小次郎は真剣勝負を求めた。これに対して武蔵は、木戟《もくげき》で勝ってみせると言ったという。

560

下段星眼の太刀を、鶺鴒《せきれい》の尾のように動かすのは、切っ先が死物にならないため、動きへ移るのを早めるため、そして動き出しを読まれないためである。

561

普段の稽古で、自分より下手とすることは甚だ悪いことである。とにかく自分より上手の者を選んで修行すべきである。

千《ち》葉《ば》周《しゅう》作《さく》

生没 1794▼1855

北辰一刀流の開祖。江戸三大道場の一つ玄武館を興す。

562

気は早く、心は静か、身は軽く、目は明らかに、業《ごう》は烈《はげ》しく。

北辰一刀流の技能の位は三段階に分かれていて、その最初の位である「初目録」前後の心得。

柳生宗矩《やぎゅうむねのり》

徳川家に仕え、徳川将軍家の兵法指南役。柳生藩初代藩主。柳生新陰流の地位を確立。

生没 1571▼1646

563

兵法は、人を斬るものとばかり思うのは間違いである。人を斬るのではない、悪を殺すのである。一人の悪を殺して、万人を活かす謀《はかりごと》である。

柳生宗矩が記した兵法書『兵法家伝書《へいほうかでんしょ》』の中の言葉。人が悪いことをして、多くの人が苦しむ場合、武器で人を殺すことは天道にかなうという。柳生の剣は、人を殺すためではなく、悪を殺して人を活かす「活人剣《かつじんけん》」であると主張する。

564

道を会得した人の胸の内は、鏡のように何もなく澄んでいるので、無心にして一切のことに対応できる。これが平常心である。

565

表裏《ひょうり》は
兵法の根本である。
表裏とははかりごとであり、
偽りをもって
真を得ることである。

566

平常心をもって、
一切のことをなす人。
これを名人と言うなり。

567

我、人に勝つ道を知らず、
我に勝つ道を知れり。

568

是非、善悪が、心の病なり。
この病が心から去らないならば、
何事をなしてもいい結果は生まない。

『兵法家伝書』の「無刀の巻」の中の言葉。是か非か、善か悪か。このような対立的な見方や先入観という病をなくさなければ、よい結果は生まれないとの意味。

569

治まっている時に、
乱を忘れない、
これが兵法である。

山本常朝《やまもとじょうちょう》

生没
1659
▼
1719

江戸中期の学者。肥前佐賀藩主・鍋島光茂に仕える。武士道について語った『葉隠』の著者。

『葉隠《はがくれ》』とは？

佐賀鍋島藩藩士・山本常朝が武士としての心得について、七年間にわたり語ったものを、田代陣基《たしろつらもと》が筆録した書物。1716年完成。全十一巻からなる。鍋島藩祖である鍋島直茂を、武士の理想像として描いている。江戸期では禁書の扱いをされ、覚えれば火に投じて燃やしてしまったという。

570

世に教訓をする人は多し、教訓を悦ぶ人は少なし。まして教訓に従う人は稀なり。

571

釈迦も孔子も信玄も、当家の家風にかなわない。

佐賀独特の国学を何よりも重視した。

572

速やかに死んで、幽霊になって、二六時中《にろくじちゅう》、主君の事を嘆け。

「嘆く」とは、悪い意味ではなく、大切に思い、考えることの意味で使っている。常朝は、「鍋島家には主君のことを大切に考える者がいなくなった」と、憤っている。

573

少々は見のがし
聞き逃しがあるゆえに、
下々は安穏するのだ。

574

修行においては、
これまでと思うこと
ならず、一生成就の
念なく果たすなり。

575

五十ばかりより、
そろそろ仕上げたるがよきなり。

576

今どきの利口者は、
智慧にて外を飾り紛らわす
ことばかりをする。
それゆえ鈍なる者には劣る。
鈍なる者は、直なり。

577

水が増えると船が高くなる。難しいことに出会うほど、一段高い心になるのである。

578

武士たる者は、武勇に大高慢をなして、死に狂いの覚悟が肝要である。

「死に狂い」は、『葉隠』の中で頻発する武士の心構えの核心となる言葉。物事に対して、死にもの狂いで取り組むことが重要であるとの意味。

579

人間一生、好きなことをして暮らすべきである。夢の間の世の中に、好かぬ事ばかりして苦を見て暮らすのは、愚である。

580

身の分際に過ぎたことをする者は、
卑怯卑劣なことをして、逃走するものである。

581

人は
苦を見た者でなければ、根性が座らない。
若いうちは随分不幸せに
なるのがよい。

582

徳ある人は、
胸中にゆるりとしたところがあって、
物忙しいことがない。
小人は、静かなところがなく、
がたつき廻るものだ。

徳川秀忠《とくがわひでただ》

生没 1579 ▼ 1632

二代征夷大将軍。関ケ原の戦いに遅参。武勇での評価は厳しい。

583

近臣を抜擢してその人が不適任だったら、
罪はこの自分にある。

徳川家光《とくがわいえみつ》

生没 1604 ▼ 1651

江戸幕府三代将軍。武家諸法度・参勤交代制などを整備した。

584

自分は今までの将軍とは
同じではなく、
生まれながらにして
天下の主である。

春日局《かすがのつぼね》

生没 1579 ▼ 1643

三代将軍徳川家光の乳母。江戸城大奥の礎を築いた。

585

乾飯《ほしめし》 湯取《とり》飯
茶 粟《あわ》 麦 小豆《あずき》 引割《ひきわり》等、
この七色を毎朝炊くべし。

幼い頃、体が弱かった徳川家光に、粟、麦、小豆など七種類の穀類を食べさせるように命じた。

徳川綱吉《とくがわつなよし》

生没 1646 ▼ 1709

江戸幕府五代将軍。生類憐《しょうるいあわれ》みの令を発して犬公方《いぬくぼう》と呼ばれた。

586

儒学は善い教えであるが、
鳥や獣を食べるのを認めているのはよくない。

徳川秀忠
徳川家光
春日局
徳川綱吉
徳川吉宗
松平信綱

徳川吉宗《とくがわよしむね》

江戸幕府八代将軍。増税と質素倹約による享保の改革を実行。

生没 1684▼1751

587

婦人は貞正《ていしょう》にして、妬心《としん》なきをよしとす。いかでかたちのよしあしを論ぜむや。

女性は貞節で嫉妬深くないのがいい。容姿は問題ではない、との意味。吉宗が紀州藩主のころ、容姿が劣る女性を側室に迎えたが、その際の理由である。吉宗は将軍になると、大奥の美女50人に暇を出した。理由は、美女ならば嫁の行き先があるだろうとのことだった。

588

一刻の遅れは、一日の不幸である。一日怠けることは、天下の恥辱である。

589

愚なるものとあなどり、人を軽しむべからず。あなどりて不覚を取りしこと、昔もあることなり。

松平信綱《まつだいらのぶつな》

武蔵国忍《おし》藩藩主。老中。徳川家光を補佐し幕藩体制を確立する。

生没 1596▼1662

590

天下の政治は、重箱をすりこぎで洗うようにするのがよい。すりこぎでは隅々まで洗うことはできない。

隅々までよく洗おうとするのは、悪しきことである、と言った。

大岡忠相《おおおかただすけ》

生没 1677▼1752

幕臣・大名。徳川吉宗に認められ、享保の改革を町奉行として支えた。

591

いつも多くの人を処刑したのは、
その罪に伏しての結果ですので、
越前守《えちぜんのかみ》が殺しているわけではありません。

将軍吉宗が、大岡は町奉行だから多くの人間を死罪にしているはずだと思い、「これまでに何人殺したのか」と、聞いてきた。それに対して、大岡はこう答えた。罪を犯した結果として処刑となったのであり、実際には刑で二人しか殺していなかった。名裁判官として人々の尊敬を集めたという。

592

すべて人に対しても、
世に対しても、
あらゆる事柄に合せて
取り計らうのが適当である。

593

今後、実際には
罪を犯していない者が
処罰されるのを
見たり聞いたりしたら、
親類はもちろん
身寄りの者でも、遠慮なく
早々に吟味を願い出よ。

無宿伝兵衛が、放火の罪により火あぶりの刑が下された。しかし野次馬が「伝兵衛がやったのではない」とささやき、これを忠相が耳にした。当時は裁判のやり直しはなかったが、忠相は再調査を命じて、伝兵衛は火あぶりをまぬがれた。その後、こうした御触れを出した。『撰要類集《せんようるいしゅう》』より。

板倉勝重《いたくらかつしげ》

生没 1545▼1624

旗本。江戸町奉行、京都所司代。多くの事件、訴訟を裁定した。

594

家に帰って、妻と相談してからお返事申し上げます。

徳川家康は、勝重を駿府の町奉行に命じた。しかし、勝重は即答せずに、妻と相談すると答えた。町奉行になると、妻のところに賄賂が贈られるのが普通だった。妻には、決して賄賂を受け取らないと約束させてから、命令に従った。

595

もし訴訟になった時は、奉行に物を贈ることだ。

板倉勝重は、名奉行として知られ、奉行所として賄賂を受け取らないことが重要だと言った。しかし一方では、町人に「裁判になったら賄賂を贈れ」と矛盾することを言っている。つまり、奉行も人間であり、もらうと贔屓《ひいき》の気持ちが起こると、本音を告白している。

板倉重矩《いたくらしげのり》

生没 1617▼1673

江戸時代初期の大名。老中・京都所司代。板倉重昌の長男。

596

重い役付きだからこその贈賄である。上様から頂戴された物と同じなのだ。

将軍側近の役職だったので、賄賂《わいろ》を受け取ることが多かった。重矩は、贈り物を受け取る時、頭の上まで上げて、頂戴した。上様からの頂戴物として、受け取ったのである。

徳川光圀《とくがわみつくに》

水戸藩藩主。「水戸黄門」として知られる。『大日本史』を編纂。

生没 1628▼1701

597 *

苦は楽の種、楽は苦の種と知るべし。

598

平生、ものに執着しないことは、人間の第一の修行である。

物やお金にこだわったり、美味しいからといって貪欲に食べ過ぎるのはよくない。執着心を持たないことが、人間の修行であるとの教え。

599

年貢を収めさせるには、いつでも女を御するようにするべきである。

女と交わる時のように男女とも喜び、取る方も取られる方も上手くやることが大事だと説く。

600

小なることは分別せよ、大なることは驚くべからず。

光圀が晩年に、子孫のために残した九カ条の訓戒『水戸光圀壁書』の言葉。小さいことでもよく考えて処理すべきで、大きなことでも慌ててはいけない、との意味。

＊597『水戸光圀壁書』より。

601

夫婦の別のみならず、すべて人倫《じんりん》の交わりは、たしなみの情が第一である。

夫婦だけではなく、人と人とのつき合いは、「たしなみの情」が大切である。たしなみがなければ、鳥や獣にも劣ると言う。

602

我が志は、継往開来《けいおうかいらい》にあり。つとめてしき広めるべし。

継往開来とは、過去の優れたものや、先人の事業を受け継いで、将来を切り開くこと。光圀は、それを自分の志として、多くの人々に広めようとした。

603

酒を飲んで元気になるのは、真の勇気ではない。酒が醒めると、気が臆《おく》する者である。

604

草履は、常にそろえて脱ぐように、心がけるべきである。平生しないことは、忙しい時もできないものである。

上杉鷹山《うえすぎようざん》

米沢藩の九代藩主。倹約や殖産興業政策などで、財政危機に陥っていた藩政の改革を行う。

生没
1751
▼
1822

605

受けつぎて国のつかさの身となれば 忘るまじきは民の父母。

上杉家の養子となり、十七歳で家督を継いだ時に詠んだ歌。国の政治を行う者は、民の父母の心を持つべきだと決意した。

*606

為《な》せば成る 為《な》さねばならぬ何事も、成らぬは人の 為《な》さぬなりけり。

607

倹約は上を向いて無駄を省くべき。下の者に対して、利を争い、規則を煩わしくしてはならない。

*606「伝国の辞」と共に次期藩主に伝えられた言葉。「為せば成る、為さねば成らぬ成る業を、成らぬと捨つる人のはかなき」という武田信玄の名言を模範にしたものといわれる。

608

女性は人に従うものである。従うとはその身を人に託すことで、自分があるという心がないことを言う。

藩主治広の六人の娘が結婚する際に、一人ひとりに封建的な婦人の道徳心を説いた言葉を与えた。

* 609

人民は国家に属する人民であって、私物にするものではない。

* 610

国家は先祖から子孫に伝えるもので、自分の私物にするものではない。

*609、610 鷹山の『伝国《でんこく》の辞《じ》』。家督を治広に譲る際に、藩主の心得として伝授した言葉。

新井白石《あらいはくせき》

旗本・政治家・学者。六代将軍・徳川家宣《いえのぶ》の幕政を主導する。

生没 1657▼1725

611

世の中の人が一度することを十度行い、十度することは百度行ってきた。

新井白石は自叙伝『折りたく柴の記』の中で、貧乏な家に生まれ、他人から書物を借りて読み、人の十倍の努力を重ねて学問をしたと語っている。

612

全身に恥のイボができるくらい修行すれば、大きく進歩する。

わからないことは恥をたくさんかいて聞くように勉強すればいい、との教え。

613

昔の人は、言うべきことがあればはっきりと言ったが、その後は、みだりにものを言わなかった。

614 ＊

世の中のことは、
何事にせよ
見聞したことは、
ただそのままに
捨てておいてはならない。
よくよくその事の由来を
明らかにすべきである。

615 ＊

人間と生まれてきて、
命がけで仕えねばならぬものが三つあります。
いわゆる父と師と君とです。

616 ＊

金と色との
二つから生まれた恨みは、
永久に消えないものだ。

617 ＊

男は、ただ忍耐ということだけを
修練すべきである。

父親の教訓として、新井白石がいつも思い出されたという言葉。これに続けて、「修練するためには、自分がいちばん堪えがたいと思うことから忍耐をはじめると、時をへるうちに、そんなに困難だと思われなくなる」とある。

＊614〜617 出典／『折りたく柴の記』より（新井白石　桑原武夫訳　中央公論新社）

忠臣蔵

浅野内匠頭長矩《あさのたくみのかみながのり》

播州赤穂藩の三代藩主。江戸城松の廊下で吉良上野介《きらこうずけのすけ》に斬りつけた。

生没 1667▼1701

618

この間の遺恨、覚えたるか。

江戸城松の廊下で、吉良上野介義央《よしなか》の背後から小刀で斬りつけた。小刀は額にあたり、眉の上を切った。

大石内蔵助良雄《おおいしくらのすけよしたか》

赤穂藩の筆頭家老。赤穂《あこう》事件の際、吉良《きら》邸に討ち入り、主君の仇を討った。

生没 1659▼1703

619

籠城などといえば、公儀に対して恐れ多いので、城の大手で切腹するよりほかにないのではないか。

幕府から居城の明け渡しが命じられたが、主君の仇である吉良上野介が生きていることを知り、切腹を主張した。

620

かねての計画は取りやめ、妻子を養うために働こうと思う。そのため誓紙《せいし》の血判は返す。

会議で討入りが決定すると、脱盟する者が続出した。真の同志を見極めるために盟約に加わっていた同志に血判を返した。そして、それでも討入りをするという者に真実を打ち明けたという。同志は、一二〇人から五十人に減った。

621

これほど苦心して討ち入った甲斐もなく、上野介を討ち漏らしたのでは詮《せん》なきことである。いま一度、探して見よ。

吉良邸に討入りをしたが、吉良上野介の姿がなかった。大石は、こう言ってさらに物置の部屋を探すと、そこに上野介が隠れていた。

622

あら楽し　思いは晴るる　身は棄つる　うき世の月に　かかる雲なし

吉良邸に討ち入り、上野介の首を取り、その後、泉岳寺にある主君浅野長矩《ながのり》の墓前でこの句を詠んだ。恨みを果たして命を捨てる。浮世の月に雲がかからない晴れやかさである、との意味。大石内蔵助の辞世の歌が、もう一つある。「風さそふ　花よりもなを　われはまた　春の名残《なごり》を　いかにとかせむ」。しかし、浅野家側の記録に書かれておらず、信憑性が低いとされている。

堀《ほり》部《べ》安《やす》兵《べ》衛《え》

生没 1670▼1703

赤穂藩の馬廻《うままわり》、使番《つかいばん》。赤穂義士の一人。吉良家討入りに参加。

623

家中の一分《いちぶん》が立つように命じられないうちは、この城を簡単に明け渡して、どこへ行くこともできません。

赤穂城の明け渡しに際して、武士の一分を重視した言葉。「一分」とは、「面目」の意味。堀部安兵衛は、主君の恨みを果たすより、武士や家の誇りを傷つけられない「面子」を重視した。

前田《まえだ》利常《としつね》

生没 1594▼1658

前田利家の四男。加賀藩二代藩主。正室は二代将軍秀忠の娘・珠姫。

624

わざと虚《うつ》けのふりを人に見せておく、この鼻毛が百万石を保つ秘訣なのだ。

利常は、鼻毛を長くのばしていた。重臣が坊主を通じて鼻毛を抜くための毛抜きを贈ってきたので、のばしている理由をこのように話した。「利巧さを見せると人が気遣い、疑いをもたれて、思いもよらない難儀を呼びかねない」と言うのである。

細川《ほそかわ》重賢《しげかた》

生没 1721▼1785

熊本藩六代藩主。藩の財政改革を断行し、殖産興業を推進。

625

人間の行動の動機は、すべて嫉妬である。

保科正之《ほしなまさゆき》

生没 1611▼1673

会津藩初代藩主。三代将軍徳川家光の異母弟。家光と四代将軍家綱を補佐。

626

婦人女子の言、一切聞くべからず。

＊ 627

士を選ぶには便《べん》辟《へき》便《べん》佞《ねい》の者をとるべからず。

＊ 628

もし志を失い、遊楽を好み、馳《ち》奢《しゃ》をいたし、土民をしてその所を失わしめば、すなわち何の面目あって封印を戴き土地を領せんや、必ず上表《じょうひょう》蟄《ちっ》居《きょ》すべし。

629

社倉は民のためにこれを置く、永利のためのものなり。歳餓えればすなわち発出してこれを救うべし。

他の三つの言葉とも、保科正之が発表した会津藩の「家訓十五カ条」。社倉とは、飢饉などの災害に備えた穀物貯蔵庫。保科正之は、日本で初めて社倉制を設けて、災害対策を行った。

＊627 便辟便佞とは、人にこびへつらい、口先ばかりで誠意がない、の意味。
＊628 馳奢とは、驕り贅沢をすること。上表蟄居とは、君主に文書を出して謹慎すること。

出典／一般財団法人会津若松観光ビューローホームページより

池田光政《いけだみつまさ》

生没 1609 ▼ 1682

備前岡山藩藩主。仁政理念で藩政を行った名君。熊沢蕃山を登用。

630

稲の名前も知らない郡奉行は、百姓を養うことはできない。

631

米ができて家臣や町民が養われるのは、民力が蔵であるためである。

632

私は学問者として有名なのは天下に知られている。しかし、仁政《じんせい》一つとしてなく、行《おこな》うはこの天罰は逃れることができない。

岡山を襲った大洪水で、飢饉に陥り多くの死者を出した。光政がその災害対策を行っている際に、「学者としては有名になったが、思いやりのある政治はまだできていない」と、洪水を自らの戒めとした言葉。

池田光政
熊沢蕃山

熊沢蕃山《くまざわばんざん》

陽明学者。岡山藩校・花畠教場で活動。閑谷《しずたに》学校の前身を開く。

生没 1619▼1691

633

よく学ぶ者は、人の非を咎《とが》むるに暇《いとま》あらず。日々に己が非をかへりみる事くはしくなり候。

熊沢蕃山の著書『集義和書《しゅうぎわしょ》』の言葉で、よく学ぶ人は、他人の間違いを咎《とが》めずに、日々、自分の至らない点を反省するものだ、という。

634

心の内に向かって善を積み、徳をなし、人に知られることを求めず、ひとり善を行うことを楽しむ。

635

人は皆、聖人たるべし。

『集義和書』の言葉。蕃山が常に実践努力した考えで、門人たちから「聖賢君子」と尊敬された。また蕃山は、「聖人の知は万両の金、平人の知は一両の金」とも言っていて、人は本質的に変わりはなく平等であり、誰でも聖人になれるという。

＊ 636

節倹を守らんよりは、むしろ奢侈《しゃし》を禁ぜよ。

＊636 奢侈とは、身分不相応にお金を使うこと。

松平定信《まつだいらさだのぶ》

老中。白河藩藩主。寛政の改革を行い、幕政再建を目指した。

生没 1759▼1829

637

金衣玉食《きんいぎょくしょく》をもって君とし、弊衣糲飯《へいいれいはん》をもって、民となすべからざる事を知るべし。

松平定信の著書『国本論《こくほんろん》』にある言葉。美しい衣服を着てぜいたくな生活をするのが主君で、ぼろぼろの衣服を着て貧しいご飯を食べるのが平民だとは考えないことが、重要であるとの意味。

638

非常の時こそ、非常の成功を挙げるものだ。

639 *

楽しきと思うは、楽しきもとなり。

640

友はその長所を友とすべし。武技好む者には、それを友とし、歌よむ者には、それを友とする。

定信の著書『花月草紙《かげつそうし》』より。友人とつき合うには、その長所を友とするとよい。そうすれば、つき合いにくい人もないと言う。

＊ 639『楽亭壁書』より。

＊ 641

夫婦の道とは、新枕《にいまくら》の夜明け、陽が上るのを見たときの心を忘れないことだ。

田沼意次《たぬまおきつぐ》

生没 1719 ▼ 1788

幕府老中。幕府の財政赤字の改善のため、重商主義政策を採る。

642

金銀は、人々の命にもかえがたきほどの宝なり。

『江都見聞集《こうとけんぶんしゅう》』に記載されている言葉。田沼意次が老中になると、財政赤字を食い止めるために重商主義政策を実施する。人々の生活が金銭中心となった。

643

私はこのように勤めていますが、老中までになるつもりです。

若い頃の田沼が、友人に語った言葉。自信と野心を持っていた。

＊641 新枕とは、初夜のこと。

松《まつ》浦《うら》静《せい》山《ざん》

生没
1760
▼
1841

平戸藩藩主。随筆集『甲子夜話《かっしやわ》』の著者。心形刀流《しんけいとうりゅう》剣術の達人。

644

人が私のことを悪く言う時、私はその人に心から感謝する。

＊ 645

勝ちに不思議の勝ちあり。負けに不思議の負けなし。

646

畳の上で心静かに往生するのが、武士の本物の討ち死にだ。

合戦で死ぬのは、討たれ死にで、敗者である。常に勝利して畳の上に死ぬのが、真の討ち死にである、との教え。

647

若い人に厳しいことをいっぺんに訓戒してはいけない。折を見計らって、まず一つ注意をするがいい。二つでは多すぎる。

＊645　剣術書『剣談』より。野球の野村克也が、静山の言葉をよく引用して話し、『負けに不思議の負けなし』という著書もある。

林羅山《はやしらざん》

生没 1583▼1657

儒学者。徳川将軍に侍講《じこう》として仕えて封建教学・制度を樹立。私塾弘文館を開く。

648

人に接し、書について教えて、飽きさせない。友に対して冗談を言い、悪いことをしないことだ。

羅山の人づき合いの信条。

649

私がどうして仏門に入り、父母の恩を捨てるだろうか。跡を継ぐ者がいないことは、大きな不孝である。

十五歳の時、建仁寺での修行が終わり、無理やり出家させられそうになった際、羅山はこう言って寺を出て、家に帰った。

650

道は、人倫を教えるのみ。倫理のほかにどうして道はあるだろうか。

仏教を否定して、儒教の重要性を説いた。

651

君に仕えるには必ず忠、親に対するには必ず孝。

山鹿素行《やまがそこう》

生没 1622 ▼ 1685

儒学者、軍学者。林羅山に朱子学を学ぶ。山鹿流兵法の祖である。

652

志が深い時は、願わなくてもいい結果となり、名利《みょうり》を求めなくても名利がある。

素行の思想をまとめた著書『修身受用抄《しゅうしんじゅようしょう》』の中の基本の教え。

653

兵法をもって自らの鑑《かがみ》となすべきである。

兵法とは戦いの起こる時に用いる、と心得るのは大きな誤りである。普段から、武士が守るべき法であると言う。

654

家を出るよりあとに、心残りのないよう、常日頃から覚悟しております。

655

異朝を慕って勉強してきたが、近ごろ初めて、この考えが誤りであることに気がついた。

異朝とは、中国のこと。日本の方がはるかに優れていると言った。

大田南畝《おおたなんぽ》

幕府官僚であり、天明期を代表する文人・狂歌師。

生没 1749▼1823

656

世の中は
色と酒とが敵《かたき》なり
どふぞ敵にめぐりあいたい。

657

世の中に
蚊ほどうるさきものはなし
ぶんぶといふて
夜も寝られず

松平定信の寛政の改革を揶揄した狂歌。重農主義と文武を奨励した政策を批判しているとされる。

658

雑巾も当て字で書けば蔵と金
あちらふくふく
こちらふくふく。

659 *

今までは　人のことだと　思ふたに
俺が死ぬとは　こいつはたまらん

*659 辞世の句。

貝原益軒《かいばらえきけん》

生没 1630▼1714

本草学者、儒学者。『黒田家譜』を編纂。『養生訓』の著者。

660

老後は、若い時の十倍の早さで時が過ぎていく。ただの一日でも楽しまずに過ごすのは惜しい。老後の一日は、千金に値する。

661

古人は、「禍《わざわい》は口より出で、病は口より入る」と言った。口の出し入れは常に警戒しなければならない。

662

接して漏らさず。

益軒の男女の性交について語った有名な言葉。四十歳以降は、血気が衰えてくるので、精気を漏らさず、たびたび交接するのがいいと言った。

663

長生きしていつまでも安楽でありたいと思ったら、欲に任せてはならぬ。欲をこらえるのは長命のもとである。

664

養生の道では、「久しく行き、久しく坐《ざ》し、久しく臥《ふ》し、久しく視《み》る」ことをしないように。

歩いたり、座ったり、何事も長時間続けると、気が減ったり、気がふさがったりして、からだの害になると言っている。

665 *

人の礼法あるは、水の堤防あるが如し。水に堤防あれば氾濫《はんらん》の害なく、人に礼法あれば悪事生ぜず。

666

養生の術は、まず心気を養うべし。心を和《やわらか》にし、気を平らかにし、怒りと欲をおさえ、憂いを少なくし、心を苦しめず、気を損なわない。

*665 貝原益軒の著書『大和俗訓《やまとぞっくん》』より。

本居宣長《もとおりのりなが》

生没 1730▼1801

国学者・医師。『古事記』を解釈した『古事記伝』を著す。

667

たのしみは　くさぐさあれど　世の中に
書《ふみ》よむばかり
たのしきはなし

宣長にとって、最上の楽しみが読書である、と詠んだ歌。宣長の歌文集『鈴屋集《すずのやしゅう》』より。

668

師の説だからといって、
必ずしもこだわり守るべきことでもない。

669

敷島の　やまと心を　人問はば　朝日に匂ふ　山ざくら花

還暦を迎えた際に、自画自賛像に記したもの。桜の優雅さを愛していた。

670

善人は栄え、悪人は禍《わざわい》となるのは、善神のしわざ。また悪人も栄え、善人にも禍が起きることがあるのは、悪神のしわざ。

宣長が説いた神道の教えで、「神のしわざ」を知ることが重要だと説いた。

671

そもそも道は、学問をして知ることにはあらず。生まれながらの真心なるぞ、道には有ける。

宣長は、真心とは備え持って生まれたままの心であり、日本古来の宗教である神道につながると言う。神道の真心に従って行動することで、道が開ける、との意味。

672

すべて和歌は、物のあわれを知るところから出るのである。

宣長は和歌の本質を、「物のあわれ」であると説いた。

松尾芭蕉《まつおばしょう》

生没 1644▼1694

俳諧師。諸国を旅した紀行文『奥の細道』を記した。

673

月日は 百代《はくたい》の過客《かかく》にして 行きかふ年も また旅人なり。

『奥の細道』の序文。月日を永遠の旅人にたとえた。

674

野ざらしを 心に風の しむ身かな

野ざらしとは、野に捨てられた髑髏《どくろ》のこと。1864年、秋風が身にしみる季節に、芭蕉は野に自分の骨をさらす覚悟で、食料も持たず隅田川から旅立った。『野ざらし紀行』の冒頭の一節。

675 ＊

松の事は松に習え、竹の事は竹に習え。

676

物言えば　唇寒し　秋の風

人の欠点を批判したり、自分の自慢をした後は、秋の冷たい風のように寒々とした気持ちになるものだ、との意味。『芭蕉庵小文庫』より。

677

予が風雅は夏炉《かろ》冬扇《とうせん》のごとし。

私の俳諧は、夏の炉や冬の扇のように、役に立たないものである、との意味。『許六離別詞《きょりくりべつのことば》』より。

678

夏草や　兵《つわもの》どもが　夢のあと

奥州平泉を訪れて、奥州藤原氏の栄華をしのび、句を詠んだ。

679 ＊

旅に病んで　夢は枯野を　かけ廻る

＊675『三冊子《さんぞうし》』より。　＊679 人生の最後に詠んだ句。

杉《すぎ》田《た》玄《げん》白《ぱく》

生没 1733▼1817

蘭学医。オランダ語医学書を和訳し、『解体新書』を刊行。

680

昨日の非は、恨《こん》悔《かい》すべからず。

681

一滴の油を広い池の水にたらせば、散り広がって池全体に及ぶ。

杉田玄白の著書『蘭学事始《らんがくことはじめ》』の中の言葉。『解体新書』は玄白を含む三人の同志による共同翻訳だが、それから五十年ほどたち、蘭学が全国に広がり、いろんなジャンルのオランダ語の翻訳書が出版された。玄白は、その事を振り返って、驚いているのである。

682

初めて発する者は人を制し、遅れて発する者は人に制せられる。

『解体新書』の翻訳作業を急いだ言葉。

683

事なき時は、薬を服すべからず。

子孫のために養生の方法をまとめた『養生七不可《ようじょうしちふか》』の中の一つ。

平賀源内《ひらがげんない》

本草学者、蘭学者、医者、戯作者など、あらゆる分野に才能を発揮。

生没 1728▼1780

684

浮世の定めがないのは、人の心の定めがないからである。

685

人参飲んで、首くくるたわけあれば、河豚汁《ふぐじる》食うて、長生きする男もあり。

人参とは、漢方薬。薬を飲んで自殺をしてしまう人間がいれば、毒をもったふぐを食べても長寿の人間もいる。常識が通用しないことを説いている。

686

良薬は口に苦く、出る杭は打たれる習い。

井《い》原《はら》西《さい》鶴《かく》

生没 1642▼1693

浮世草子・人形浄瑠璃作者、俳諧師。『好色一代男』などの作者。

687

世の中に下戸《げこ》の建てたる蔵もなし。

酒が飲めない者が建てた蔵はない。

『世間胸算用』より。

688

人の稼業は急流の水車《みずぐるま》のように、休みなくはげむべきものである。いつも油断してはならない。

689

世に銭ほど面白き物はなし。

690

何につけても金銀がなくては、世に生きている甲斐がないことは、いまさら言うまでもない。

691

その身にそまりては、いかなる悪事も見えぬものなり。

自分に慣れてしまうと、どんな悪事も見えなくなる。『日本永代蔵』より。

692

人間長く見れば朝《あした》をしらず、短くおもへば、夕におどろく。

著書『日本永代蔵』の冒頭の一節。人の命が長いと思っても、翌朝にはどうなるかはわからない、との意味。

693

毎年元日に遺言状を書いて、四十以後は死を覚悟し、正直に世渡りしているうちに自然と金持ちになった。

近松門左衛門《ちかまつもんざえもん》

浄瑠璃・歌舞伎の作者。『国性爺合戦』『曽根崎心中』などの作品がある。

生没 1653▼1725

＊694

女房の懐には鬼が住むか、蛇《じゃ》が住むか。

695

芸というものは実と虚《うそ》との皮《ひ》膜《にく》の間にある。

江戸時代の浄瑠璃評釈書『難波《なにわ》土産《みやげ》』の冒頭にある言葉。近松の「虚実皮膜論《きょじつひにくろん》」として知られる芸術論を表している。

696

狂言浄瑠璃は、善悪人の鏡になる。

697

この世の名残。夜も名残。死にに行く身をたとふれば、あだしが原の道の霜《しも》。一足づつに消えて行く。夢の夢こそあはれなれ。あれ数ふれば暁《あかつき》の、七つの時が六つなりて、残る一つが今生《こんじょう》の、鐘の響きの聞き納め。寂滅為楽《じゃくめついらく》と響くなり。

『曽根崎心中』の中の音楽と舞踏がある最大の見せ場「道行」の言葉。愛し合う男女が心中するシーンを、名調子の七五調でまとめて、儒者・荻生徂徠《おぎゅうそらい》が名文と絶賛した。七つの時（午前三時）に二人が死ぬ、その鐘の音は、死ねば安楽が得られる、と響いている。

＊694『心中天網島』より。

小林一茶《こばやしいっさ》

生没 1763▼1828

俳諧師。諸国を行脚《あんぎゃ》、晩年は故郷に定住。「七番日記」「おらが春」などの作品がある。

699

痩《やせ》蛙《がえる》 まけるな一茶 是《これ》にあり

一匹の雌に数匹の雄が飛び掛かるガマガエルの生殖行為を見ていて、痩せ蛙が弾き飛ばされたのを、「まけるな」と応援した光景を詠んだ。

698

めでたさも 中くらいなり おらが春

与謝蕪村《よさぶそん》

生没 1716▼1784

江戸俳諧の巨匠の一人。日本の文人画（南画）の大成者。

* 700

三日《みっか》翁《おきな》の句を
唱えざれば、
口《くち》茨《いばら》を生ずべし。

＊700 翁とは、俳人松尾芭蕉のこと。毎日必ず芭蕉の句を復唱するくらい、尊敬していた。

白隠慧鶴《はくいんえかく》

生没
1686
▼
1769

臨済宗中興の祖。『槐安国語《かいあんこくご》』『坐禅和讃《ざぜんわさん》』などを著し、禅を普及。

701

そうかい。

子どもを産んだ商家の娘が、本当の父親の名前を隠して、白隠の子どもだと嘘をついた。激怒した娘の父が、その赤ん坊を白隠のもとに押し付けて帰った。三年後、後悔した娘が本当の父親について告白。父は白隠のもとに行き平身低頭に謝罪する。その時、白隠はただ一言、こう言って子どもを父親に手渡した。

702

それ、そこが地獄じゃ。

ある彦根藩士が、白隠に「地獄や極楽が本当にあるのか」と尋ねた。白隠は「地獄や極楽が気になるようでは、腰ぬけ侍だ」とからかった。するとその武士は、怒って刀を抜き白隠を斬ろうとした。そこで白隠が一喝してこう言った。

703

「内観の秘法」を一心に、真剣に、切に修するときは、二、三週間にしていままでの苦悩、不安、神経衰弱、心臓病、肺病などあらゆる難治の病の症状が、底をはらったように全治するものである。もしも、これが偽りならば、この老僧の首を斬りとって持ち去るがよい。

白隠禅師は、修行時代に病気になったが、白幽仙人から伝授された「内観の法」により、健康を回復する。その方法を弟子たちに教え広めた。自律訓練法に似ているとされる。

704

明日からこの白隠が念仏を買うから、
念仏を一回一文として、
一日となえる念仏の数だけ金をはらおう。

「念仏をとなえるより、商売をせよ」という質屋の親父に、白隠禅師が言った言葉。質屋は、最初は喜んで念仏を買ってもらっていたが、そのうち一心に念仏をとなえるようになり、禅師に教えを乞うようになったという逸話。

705

おおよそ、求道修行工夫のためには、
病中ほどよいところはない。

706

若い衆や、
死ぬか嫌なら、今死にやれ。
ひとたび死ねば、もう死なぬぞや。

707

何事も
皆打ち捨てて
死んでみよ。
閻魔も鬼も
ぎゃふんとするぞ。

沢庵宗彭《たくあんそうほう》

臨済宗の高僧。紫衣《しえ》事件で配流となる。その後赦されて、江戸に東海寺を開山する。

生没 1573▼1646

708

人は心に似せて家を営む。家に大小あれば心に大小あり。

家の大きさを左右するのは、その人の心次第、との意味。

709

十方八方へ、心は動きたいように動きながら、その度に止まらない心を、不動智という。

「剣禅一如《けんぜんいちにょ》」を説いた沢庵が、剣の極意について話した一節。

710

溝をば、ずんと飛べ、危なしと思えば、はまるぞ。

事をなそうと思ったら、迷わず、怖気づくな、との意味。〝ずん〟という擬音語は、沢庵和尚の口癖だった。『東海夜話』より。

711

人みな自分の飢えを知って、他人の飢えを知らない。

『東海夜話』の中の言葉。自分の飢えは分かるが、他人の飢えは気づかない。後に続けて、だから他人を憐れむ心が生まれない、と言っている。

712

心ここにあらざれば、視れども見えず、聴けどもきこえず。

713

勇者は無分別の人である。勇者でない者は、分別のある人である。

714

縄はもとより蛇ではない。自分の妄想で蛇にしているのだ。

沢庵和尚の『安心法門《あんじんほうもん》』の中の言葉。嫌だと思う気持ちが、縄を蛇と錯覚させる。無心の重要性を説いている。

渡辺崋山《わたなべかざん》

生没 1793▼1841

武士、画家。田原藩の藩士で、家老となる。蛮社の獄で蟄居《ちっきょ》する。

715 *

眼前の繰《く》り廻《まわ》しに、百年の計を忘するなかれ。

716 *

大功は緩にあり、機会は急にあり。

大きな成功は、ゆっくりと一歩ずつ。しかし、チャンスは急に訪れるものだ。

717

わが国の神風伝説も、頼むにたらないとなれば、敵情を熟知することが先決である。

海防と海外情勢の研究の重要性を主張した。

718

天を怨《うら》まず、人を咎《とが》めず、実に僕《ぼく》左《さ》様《よう》心《こころ》得《え》、一点の憤りなし。

蛮社の獄で蟄居《ちっきょ》中に語った言葉。

*715、716とも、交渉ごとに関する教訓をまとめた『八勿《はちぶつ》の訓戒』より。
出典／公益財団法人崋山会。

緒方洪庵《おがたこうあん》

生没 1810▼1863

足守藩士、医師、蘭学者。大坂で適塾を主宰。天然痘治療に貢献した日本の近代医学の祖。

＊ 719

人のために生活して、己のために生活せざるを医業の本体とする。

＊719 洪庵の著書『扶氏医戒之略《ふしいかいのりゃく》』の第一条。

720

病者に対してはただ病者を診るべし。貴賤貧富を顧みることなかれ。

721

術を行うにあたっては、病者をもって正鵠《せいこく》とすべきである。決して弓矢としてはならない。

治療を行う際に、目的は病気を治すことであり、患者を道具としてはならない、との意味。

伊能忠敬《いのうただたか》

生没 1745▼1818

商人、測量家。全国を測量し『大日本沿海輿地全図』を完成させた。

722

愚老の天文暦学も、国々を測量するのも、後世に名を残すためでは一切ない。いずれも自然天命である。

723

身の上の人はもちろん、身下の人に対しても、教訓、異見があれば、必ず固く守るべきである。

忠敬は、四十歳半ばになると家督を長男に譲り隠居したいと思い、三カ条の家訓を渡した。その中の一節。年齢や身分にかかわらず、人の意見をよく聞くこと、との教え。

文化人の言葉

本阿弥光悦《ほんあみこうえつ》

生没 1558▼1637

江戸時代初期の書家、芸術家。書は寛永の三筆の一人。

724

おそれながら、私でございます。

ある時、関白近衛信伊《このえのぶただ》が、光悦に「いま、天下で書道の名人はだれか」と尋ねて、光悦はこう答えたという。

葛飾《かつしか》北斎《ほくさい》

生没 1760▼1849

浮世絵師。『北斎漫画』、『富嶽三十六景』などの代表作がある。

725

天、我をして五年の命を保たしめば、真正の画工となるを得《う》べし。

北斎は九十歳の長命だった。臨終の際に「あと五年の命があれば、本物の画工になれた」と言って、絵に対する情熱は最後まで消えることがなかった。

726

世俗の虚礼に従うより、己の身体を養うさ。

母親の年回忌で僧侶に渡すお金がない北斎は、読み本作家の曲亭馬琴から香典をもらった。しかし、北斎はそのお金を自分のために使ってしまった。馬琴はそれを知り、何という不幸者だとなじるが、それに対して北斎はこう返した。

十返舎《じっぺんしゃ》一九《いっく》

生没 1765▼1831

戯作者、浮世絵師。文筆のみで自活。『東海道中膝栗毛』の作者。

*727

この世をば　どりゃお暇《いとま》に　線香の　煙と共に　灰左様《はいさよう》なら

*727 辞世の句。67歳で没した。

二宮尊徳《にのみやそんとく》

農政家・思想家。苦学して一家を再興する。「報徳思想」を唱えて、農村復興政策を指導した。

生没
1787
▼
1856

728

一理を学ぶ時は、一理を行うべし。

一理を学んだら、それを実行に移すことが重要である。実践行動を重んじた。

729

可愛くば、五つ教えて三つほめ、二つ叱って、良き人とせよ。

730

天理と人道とは、格別な物なるがゆえに、天理は万古変ぜず、人道は一日怠れば忽《たちま》ちに廃す。

『二宮翁夜話』の言葉。天の道は不変だが、人の道は一日努力しないとたちまちすたれてしまう、との意味。

731

徳を積むの道は
たとへば豆腐十五文ならば、
買ふときは十六文、
売るときは十四文に
することとなり。

732

心の荒地を開墾できれば、何万町歩の荒地を開くことも心配ない。

尊徳は、人々の荒廃した心を耕す「心田開発」を説き、その後、実際の荒地の開発を行った。

733

人の人たるゆえんは、「推譲《すいじょう》」にあり。

推譲とは、譲る気持ちで、金次郎は人のためにお金を使うことの大切さを、この言葉で表した。推譲の法は、金次郎の教えの第一の法であるとした。

734

貧者は、昨日のために今日勤め、昨年のために今年勤める。富者は、明日のために今日勤め、来年のために今年勤める。

735

すべての商売は、売って喜び、買って喜ぶようにするべきである。喜ばないのは道にあらず。

貸し借りの道も、貸して喜び、借りて喜ばないのは、道にあらず、という。

736 *

およそ人と生まれた以上は、
死ぬのは必定だ。
長生きといっても
百年を越えるのはまれだ。
たとえば蝋燭《ろうそく》に
大中小とあるようなものだ。
人と生まれ出た以上は
必ず死ぬものと覚悟すれば、

一日生きれば 一日の儲け、
一年生きれば 一年の得だ。

737 *

恩を受けても報いないことが多く、
徳を受けても報いることが少ない。
徳に報いることを知らない者は、
自然に幸福を失う。

尊徳は、報恩・報徳の精神が幸福の原点であると説く。

＊736、737『二宮翁夜話』十、一八〇より現代語訳。

738

金銀、平日は至宝なれども、饑《き》寒《かん》の用をなさざれば、金銀を集むるは何のためにや。

青木昆陽《あおきこんよう》

儒学者、蘭学者。飢饉対策のため、サツマイモの栽培を普及させた。

生没 1698▼1769

青木昆陽は、「甘藷《かんしょ》先生」と称されるほど、サツマイモの栽培・普及に尽力した。飢饉のための食物として栽培され、天明の大飢饉では多くの人の命を救った。つまり、お金も飢饉や酷寒のために使わなければ、意味がないとの教え。

739

大事はすでに発覚した。残念ながら丸橋のせいであろう。

由井正雪《ゆいしょうせつ》

軍学者。軍学塾「張孔堂」を開く。慶安の変の首謀者。

生没 1605▼1651

1651年、正雪は幕府の政策批判と浪人救済を掲げて、幕府転覆を計画する。しかし丸橋忠弥が密告して、正雪は自刃した。

740

一日をもって百年となし、百年をもって一日となす。

大塩平八郎《おおしおへいはちろう》

儒学者。大坂町奉行組与力。天保の大飢饉の際に大塩平八郎の乱を起こす。

生没 1793▼1837

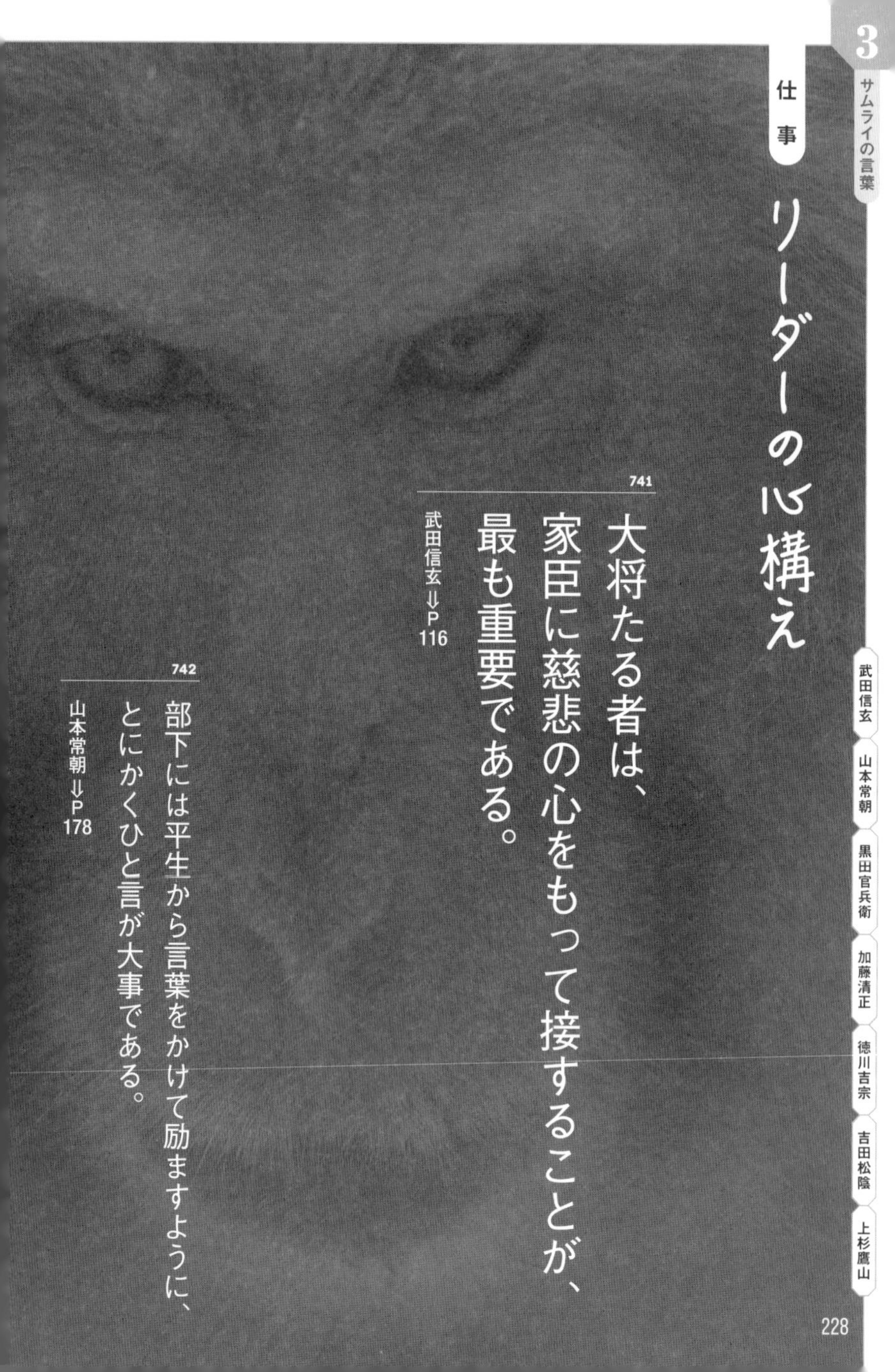

仕事

リーダーの心構え

741

大将たる者は、家臣に慈悲の心をもって接することが、最も重要である。

武田信玄 ⇒P116

742

部下には平生から言葉をかけて励ますように、とにかくひと言が大事である。

山本常朝 ⇒P178

743

大将たる人は、威厳というものがなくては、万人を押さえることができない。しかし、悪く心得て、威張ってみせ、下を押さえこもうとするのは、かえって大きな害である。

黒田官兵衛 ⇒P68

744

大将がくつろげば、下は大いに怠けるものなので、いつも陣法を厳しくすることだ。

加藤清正 ⇒P74

745

人の上に立つときは、愚かな者と侮《あなど》り、人を軽んじてはならない。侮って不覚を取ることが昔からあることだ。

徳川吉宗 ⇒P183

746 *

才能ある人がいないのではなく、用いる人がいないだけだ。なんとも悲しいことである。

吉田松陰 ⇒P246

747 *

してみせて、言って聞かせて、させてみる。

上杉鷹山 ⇒P188

＊746　1855年7月「小田村伊之助宛て書簡」より。＊747　大日本帝国海軍の連合艦隊司令長官・山本五十六は、鷹山のこの言葉に影響を受けて、「やってみせ、言って 聞かせて、させてみせ、ほめてやらねば、人は動かじ」の名言を残している。

仕事

部下として

748

少しばかりの我欲によって、
莫大なる恩を忘れ、
自分本位の立身を求める心では、
どうして主君や親に対する心情を
守り抜くことができようか。

山岡鉄舟 ⇒P270

749

時間がかかる仕事を速くやれば、過ちはない。
しかし、速くやるべきことに、時間をかけていると、
大きな間違いを起こす。

蜂須賀家政（秀吉の家臣で、蜂須賀小六の息子）

750

たとえ御《み》旗《はた》が崩れたとしても、
旗は崩れないと言ってこそ、
傷がつかないものだ。

大坂夏の陣で、真田幸村が家康の本陣を急襲して、兵が逃げ惑い、旗が崩れかかった。家康は、崩れたと信じたが、家臣団としては名誉のために、絶対に旗が倒れてはならなかった。そこで忠教は、旗が立っていたのをこの目で見た、と事実は別にして証言したのである。

大久保忠教 ⇒P98

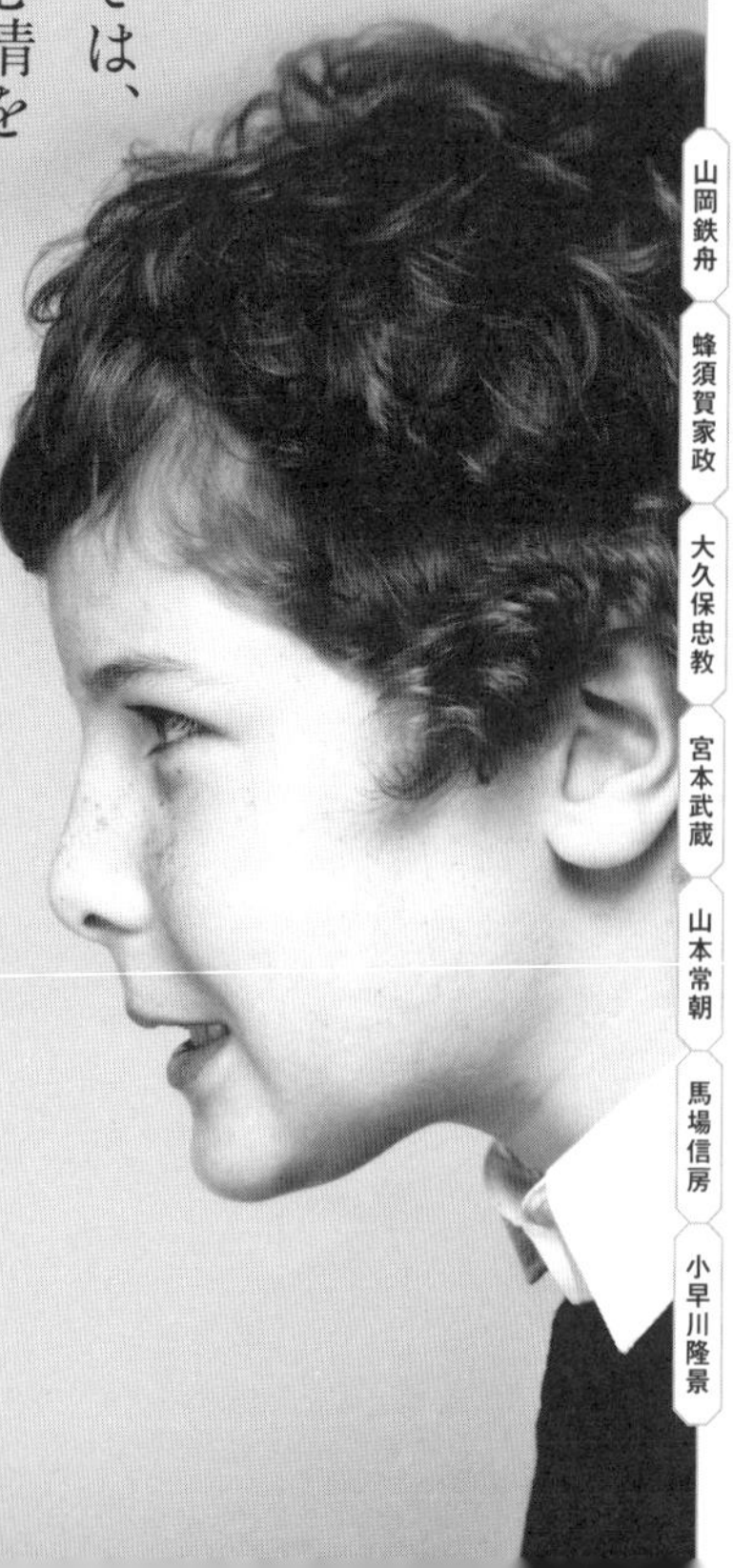

751

士《し》卒《そつ》たる者は、大工である。自らの手にかけてその仕事を覚え、尺度をよくわきまえれば、やがては棟梁になることができる。

宮本武蔵 ⇩P170

752

奉公人の打ち留めは、浪人か切腹に極まると、覚悟すべきである。

常朝はこう言っている。浪人になると大変な苦労をすると誰もが思うが、実際になるとそれほどでもない。死についても、普段から練習しておけば、心安く死ぬことができる。同様に奉公人も、最後は浪人か切腹と覚悟しておけばいい、と言うのである。

山本常朝 ⇩P178

753

主人が好き好むことを勧めて、少しも諫《いさ》めることを言わない人は、よく気をつけて見るべきである。

馬場信房 ⇩P123

754

恩を受ける際に、あまりに自分の分に過ぎる時は、かえって災いを招くもとになるものだ。

小早川隆景 ⇩P134

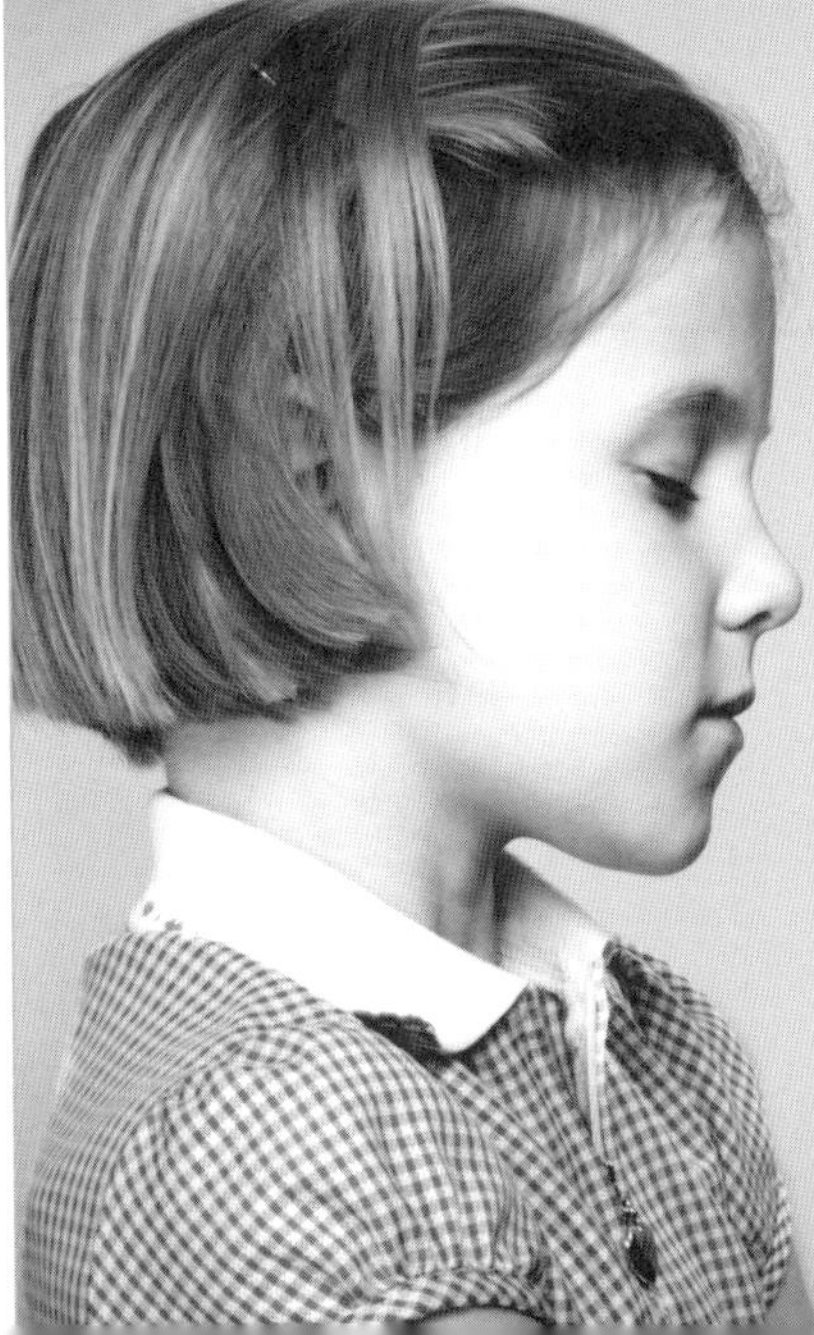

仕事

組織運営

755

水はよく舟を浮かべ、またよく覆《くつがえ》す。

水は家臣、舟を自分にたとえて、主従関係がうまくいかないと自分がひっくり返されると自戒していた。

徳川家康 ⇒P84

756

歴史を読めば、最大の敵は外からは来ない。不平分子が家を亡ぼすのだ。

伊達政宗 ⇒P102

757

国（上に立つ者）には三つの不詳がある。賢人がいることを知らないこと。知っていても用いないこと。用いても重要な役職に任命しないこと。

太田道灌 ⇒P107

758

人はどんなものでも決して捨つるべきものではない。いかに役に立たぬといっても、必ず何か一得はあるものだ。

勝海舟 ⇒P266

759

奉公人の四種類
急だらり、だらり急、急々、だらりだらり

急だらりは、すぐに仕事に取りかかるが、結果を出すのに時間がかかる。だらり急は、理解するのに時間がかかるが、やり始めると早い。急々は、スピードがあり仕上げもいい。だらりだらりは、すべてに時間がかかり、組織の中の大半はこのタイプだという。こうした性格をよく知り、人を使っていくことが重要だという。

鍋島勝茂（肥前佐賀藩の二代目。父は鍋島直茂）

760

一人でなんでもできる部下などどこにもいないと思え。一人ですべてがわかっている者ならば、組織の中で働きはしない。

細川忠興 ⇒P141

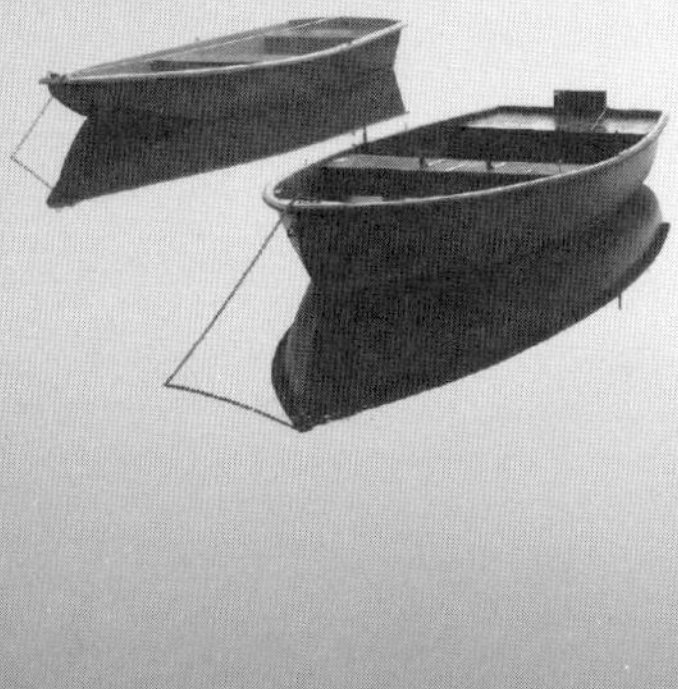

仕事

上司をいさめる

761
太閤殿下の最近のお振る舞いは、昔と変わられた。きっと古狐が入れ替わったと思われます。

太閤秀吉の朝鮮出兵で、最初は快進撃だったが、次第に戦況が苦しくなった。そこで秀吉は、三十万の兵で自ら明国まで攻め入ると言い出した。それに対して、秀吉の家臣・浅野長政が諫言する。秀吉は激怒して、長政に飛び掛かろうとしたが、皆が押しとどめた。長政は平然として席を立ったという。

浅野長政（豊臣政権の五奉行の筆頭）

762
私の申すことをお聞き入れないなら、すぐさまこの首を刎《は》ねられよ。

青山忠俊（三代将軍家光の教育係。頑固で、家光に諫言を繰り返したため、改易された）

763
主人に諫言《かんげん》をする際に、外に知れぬようにすべきである。主人の非を顕《あらわ》にしてはいけない。

山本常朝 ⇩P178

764
信長公に属さない国々があるのは、徳が至らないためと思って、良くないところは反省してください。

反信長の浅井長政・朝倉義景の二人を滅ぼした翌年の正月、酒宴の席に金泥で塗り固めた二人の髑髏《どくろ》が酒肴《しゅこう》として出てきた。信長は上機嫌だったが、酒宴が終わり、皆が退出するのを待って成政がこう進言した。信長は怒らず、成政と政治についていろいろ話をしたという。

佐々成政 ⇩P63

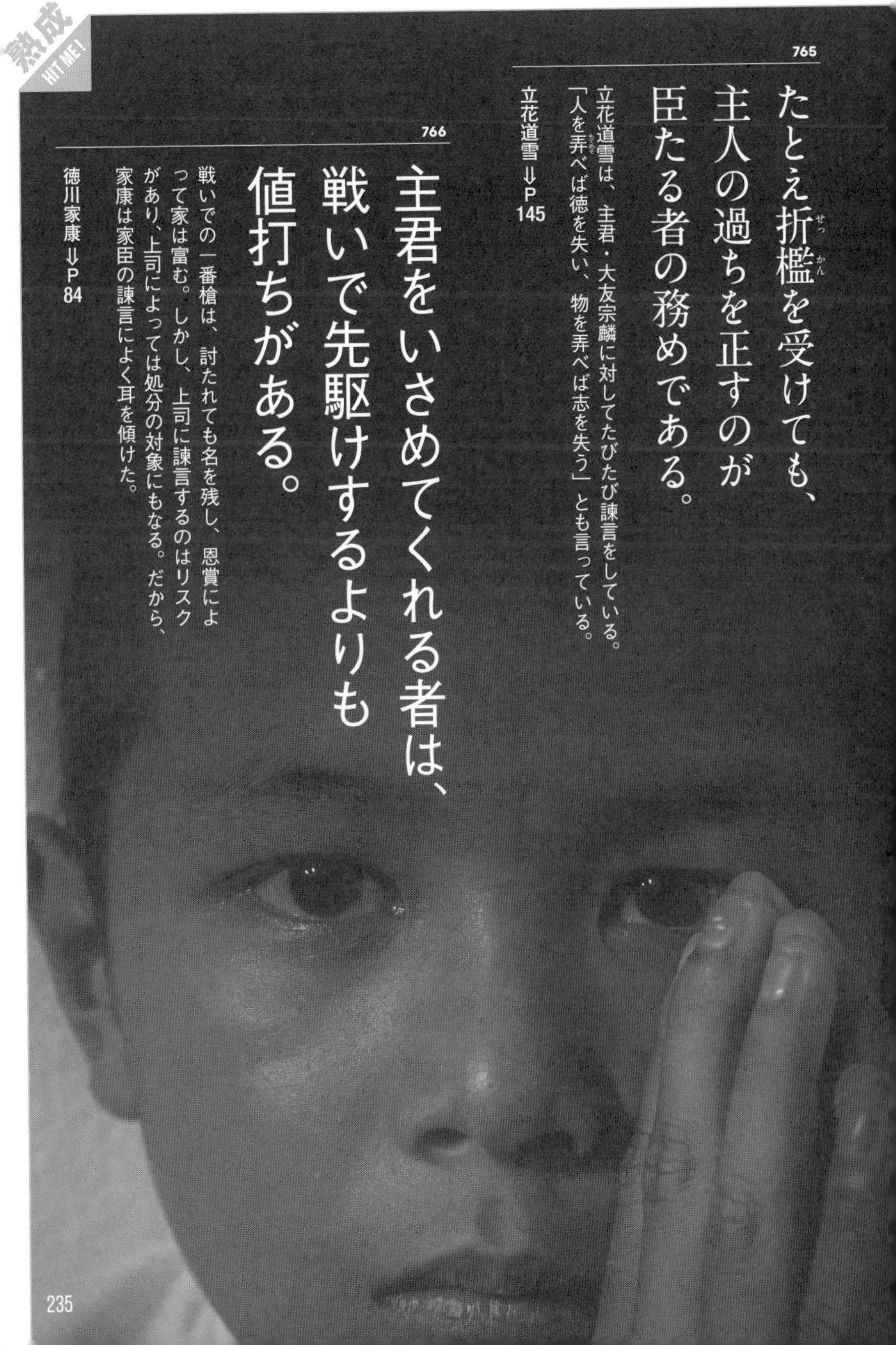

765

たとえ折檻《せっかん》を受けても、主人の過ちを正すのが臣たる者の務めである。

立花道雪は、主君・大友宗麟に対してたびたび諫言をしている。「人を弄《もてあそ》べば徳を失い、物を弄べば志を失う」とも言っている。

立花道雪 ⇒P145

766

主君をいさめてくれる者は、戦いで先駆けするよりも値打ちがある。

戦いでの一番槍は、討たれても名を残し、恩賞によって家は富む。しかし、上司に諫言するのはリスクがあり、上司によっては処分の対象にもなる。だから、家康は家臣の諫言によく耳を傾けた。

徳川家康 ⇒P84

仕事

お金

767

金銀を快く遣わして、
下知《げじ》しなければ、
合戦はならぬものなり。
武士は金銀を
大切にすべし。

＊ 真田信之 ⇒P125

768

これより天下の事を知るには、会計もっとも大事なり。

坂本龍馬 ⇒P240

769

人に金銀を与えれば、
何事もなるように思って、
家臣にもそのように行っていると見える。
しかし、これは大きな心得違いである。

親友である石田三成に対して、お金よりも情が大切であることを忠告した言葉。

大谷吉継 ⇒P80

770

米や銭や財宝は、
天地を狭くする。
立派な王宮を飾り立てて、
そこにて帝王が住みつく。

一休宗純 ⇒P32

真田信之
坂本龍馬
大谷吉継
一休宗純
岩崎弥太郎
福沢諭吉
由利公正

771

事業をするには、
まず人に与えることが必要である。
それは、必ず大きな利益を
もたらすからである。

岩崎弥太郎 ⇒P292

772

およそ世の中に
何が怖いと言っても、
暗殺は別にして、
借金ぐらい怖いものはない

困窮の少年時代を送り、「貧乏の味をなめ尽くした」諭吉の言葉。

福沢諭吉 ⇒P288

773

経済なるものは、
決して金銀に限らぬ。
金でも石でも
信用がもと。

由利公正（福井藩士、政治家。藩政改革と
新政府の財政問題を解決する）

＊767 下知とは、上から下の者へ命令すること。

商人八訓

774

一 先ず朝は、召使いより早く起きよ
二 十両の客より百文の客を大切にせよ
三 買い手が気に入らず返しに来たならば、売る時より丁寧にせよ
四 繁盛するに従って、益々倹約せよ
五 小遣いは一文より記せ
六 開店のときを忘れるな
七 同商売が近所にできたら懇意を厚くして互いに勤めよ
八 出店を開いたら、三ヵ年は食料を送れ

* 渡辺崋山 ⇒P220

＊774 崋山は、田原藩の家老として藩政改革や殖産興業に尽力して、天保の大飢饉の際にも誰も餓死者を出さなかった。その崋山が、商いの精神について八項目でまとめたもの。

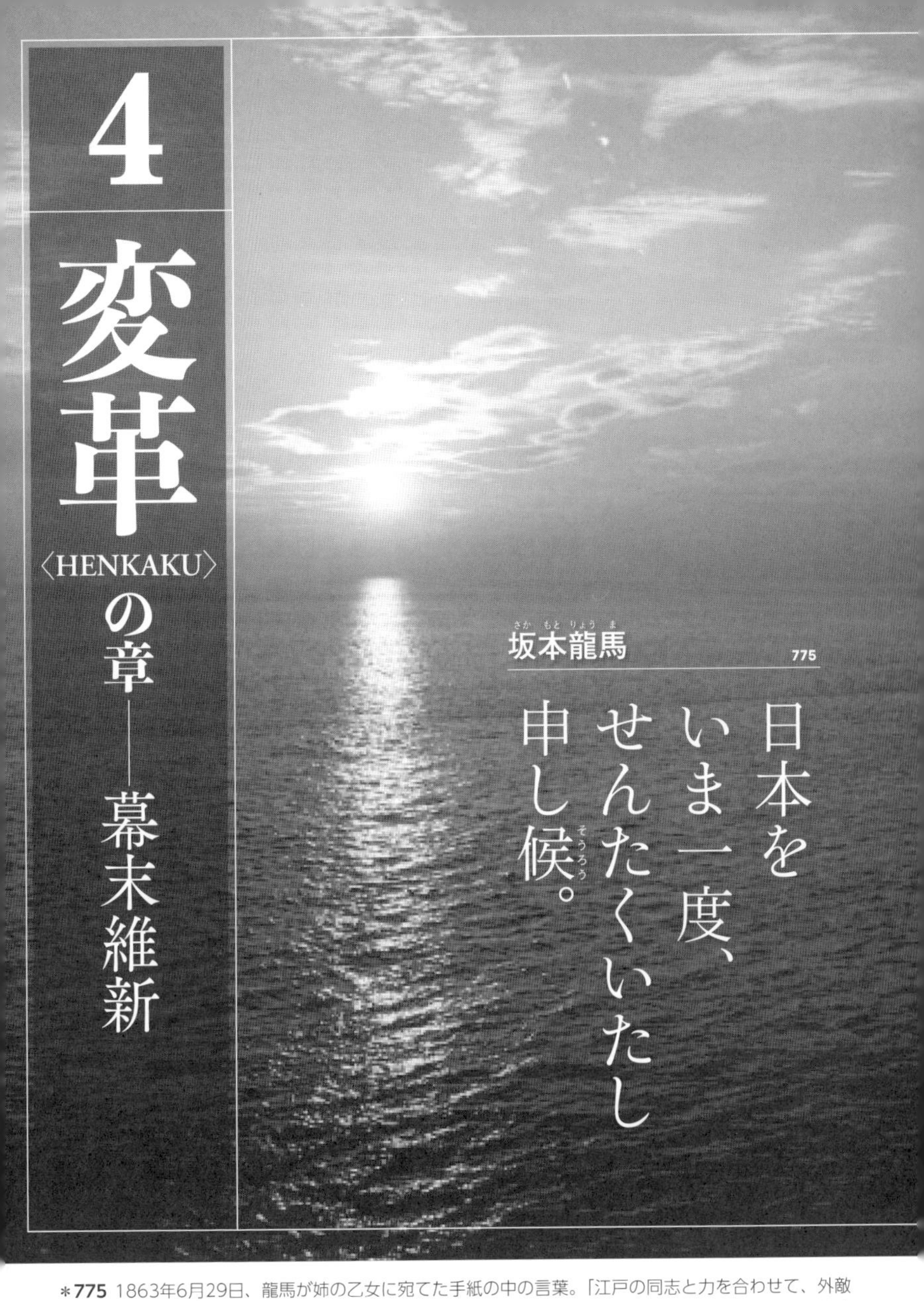

4 変革〈HENKAKU〉の章——幕末維新

坂本龍馬《さかもとりょうま》 775

日本をいま一度、せんたくいたし申し候《そうろう》。

＊**775** 1863年6月29日、龍馬が姉の乙女に宛てた手紙の中の言葉。「江戸の同志と力を合わせて、外敵と通ずる悪役人を打ち殺して、この日本をもう一度洗濯することが、神への願いでございます」と、幕府を倒す決意を述べている。また、同じ手紙の中で龍馬は、福井藩から頼りにされて、もしクーデターが起これば福井藩士2,300人を指揮して行動するとも言っている。**坂本龍馬⇒P240**

坂本龍馬《さかもとりょうま》

土佐藩郷士。脱藩後、志士として活動。海援隊を結成。薩長同盟、大政奉還に尽力する。

生没 1836▼1867

776

命は天にあり。殺されればそれまでのことだ。

＊777

世の人は 我を何ともいはばいえ、我が為すことは 我のみぞ知る

778

目を開き、自ら天より受け得た知を開いていかねばならないと、今も耳に残っている。

＊779

君がため 捨つる命は 惜しまねど 心にかかる 国の行く末

＊777 龍馬が16歳のときに詠んだ句。 ＊779 龍馬が越前福井で由利公正を訪れ、宴席でうたった歌。『由利公正伝』より。

780

西郷というやつは、
わからぬやつだ。
少しくたたけば少しく響き、
大きくたたけば大きく響く。
もしばかなら大きなばかで、
利口なら大きな利口だろう。

781

薩長《さっちょう》の連合は、この日本国を救わんがためなれば、
一藩の私情は差し挟《はさ》むべきではない。

782

船を破られたその償いにゃ、
金をとらずに国をとる、
国をとって蜜柑《みかん》を食う。

紀州藩の船がいろは丸に衝突する事件が起きた。龍馬は損害賠償を求めるために紀州藩の評判をおとしめる俗謡を作り、長崎の町で流行させた。

783 *

かつて土佐藩《とさはん》を脱藩《だっぱん》した者、
他藩を脱藩した者、海外で活躍する志がある者は、
海援隊への入隊を許可する。

＊783 「海援隊約規」の中にある入隊資格についての一文。

784

君はぶりがよいから、女が惚れる。僕は男ぶりは悪いが、やっぱり惚れる。

海援隊の同志で美男子の新宮馬之助をからかって言った言葉。

785

役者もいれば、こじきもいるが、はらわただけは綺麗なぞ。

海援隊隊長の龍馬は、自分の部下に対して強い信頼をもっていた。

786

君は内にいて人を作り、僕は外にありて船を得るべし。

土佐藩御用達の絵師・河田小龍《かわだしょうりゅう》と出会い、河田から商業を起こすことを勧められた。その時に、龍馬は船を持ち航海に出る重要性を教えられた。

＊787

僕、深く頭脳をやられた。

＊787 龍馬の最期の言葉。

中岡慎太郎《なかおかしんたろう》

生没 1838▼1867

土佐藩士。武市半平太《たけちはんぺいた》の土佐勤皇党《とさきんのうとう》に加盟して尊王攘夷《そんのうじょうい》運動を行う。陸援隊《りくえんたい》を組織する。

788

将は高い志を立てるもの。小さい望みでは卑しくなる。世の中を憂う気持ちの深さに現れてくるのだ。

* 789

富国強兵というものは、戦《いくさ》の一字にあり。

* 790

今日賤しいものが、明日は貴いかもしれない。君子か小人かは、人の心に中にある。

791

人間、和気《わき》を失えば、闘争止まらず。

中岡慎太郎の遺品である写真箱の蓋に、記されている言葉。人間は、和の気持ちがなくなると、闘争心を止められなくなる。中和の心が大切だと考えていた。

*789 『時勢論』より。 *790 故郷の友・北川竹次郎に宛てた手紙より。

山内容堂《やまうちようどう》

生没 1827 ▼ 1872

土佐藩藩主。幕末の四賢侯の一人。徳川慶喜に大政奉還を建白した。

792

今朝、私の屋敷の門前に、首が置かれてあったが、酒の肴にもならない。

容堂が公武合体《こうぶがったい》へと動くことに対して、土佐勤王党《とさきんのうとう》は容堂の屋敷の門前に首を置き、プレッシャーをかけた。何の関係もない人を殺害することに対して、容堂は無益であると嘆いた。

後藤象二郎《ごとうしょうじろう》

生没 1838 ▼ 1897

土佐藩士。政治家。山内容堂の信頼を得て活躍。大政奉還の建白書を提出。

793

事がもし行われないならば、私も生還の意志はない。

象二郎は、山内容堂と大政奉還の建白書を連署して、徳川慶喜《よしのぶ》に提出する。これが受け入れられなければ生きて帰る意志はないとの決意を示した。

武市半平太《たけちはんぺいた》

生没 1829 ▼ 1865

土佐藩郷士。剣術家。土佐勤王党を結成。尊王攘夷の活動を行う。

794

国のため、君主のために命を捨てることは、武士の真の道である。

死罪を宣告された半平太が、親族に送った手紙の中の言葉。

山内容堂
後藤象二郎
武市半平太
板垣退助

板垣退助《いたがきたいすけ》

土佐藩士。自由民権運動の主導者で、国民から圧倒的な支持を受ける。

生没
1837
▼
1919

＊ 796

板垣死すとも自由は死せず。

1882年、岐阜で遊説中に、暴漢に襲われて負傷した時に言った言葉。

795

人民は、自主、自由、独立して束縛されない権利を得る。

1874年、愛国公党を結成して、この理念を掲げる。後に、自由党の党首となった。

＊ 797

徳川は
戦場を馬で駆けて天下を取った。
武力によって政権を
朝廷に戻さなければ、
どうして二百年以上も
続いた政権を
打倒することができようか。

798

その楽を共にしない者は、
その憂を共にしない原因となる。

＊796『公文別録・板垣退助遭害一件』より。 ＊797『板垣退助君伝』より。

吉田松陰《よしだしょういん》

長州藩士。思想家。山鹿流《やまがりゅう》兵学師範。松下村《しょうかそん》塾《じゅく》を開き、多くの門人を育てた。明治維新の精神的指導者。

生没 1830▼1859

799

みだりに
人の師となるべからず、
また、みだりに
人を師とすべからず。

800

俗人の見るところは形である。
心ある立派な人が見るのは心である。

801

十歳で死ぬ者は、
十歳の中におのずと四季がある。
五十、百歳は、おのずと
五十、百歳の四季があるのだ。

802

能《あた》わざるに非《あら》ざるなり、為《な》さざるなり。

何事もできないことはないのに、できないというのは、行動しないだけだという意味。『講孟劄記《こうもうさっき》』より。

803 *

身はたとえ　武蔵《むさし》の野辺《のべ》に　朽ちぬとも　留め置かまし　大和魂

『留魂録《りゅうこんろく》』という遺書となった書物の中の辞世の句。たとえ武蔵野の地に葬られようとも、日本を思う私の気持ちは留め置きたい、という意味。

804

飛耳長目《ひじちょうもく》

耳と目を使い、常にアンテナを張り巡らせて情報を集めることを説いた。

805

志を立てるためには、人と異なることを恐れてはならない。世俗の意見に惑わされてもいけない。死んだ後の業苦《ごうく》を思いわずらうな。

＊**803**　死罪を覚悟した松陰が、家族に宛てた手紙の中の辞世の句がある。「親思ふ　心にまさる親心　今日のおとづれ　何ときくらん」（子が親を思う心よりも、子を思いやる親の気持ちの方が深い。今の私を、どのように悲しむことだろう、との意味）。

806

君子は徳義がないことを恥じ、小人は名誉がないことを恥じる。

807

二《に》十《じゅう》一《いっ》回《かい》猛《もう》士《し》

松陰が野山獄に投獄されている時に、夢を見た。神様が現れて一枚の紙を差し出したが、そこに二十一回猛士と書かれていた。自分は、二十一回の猛を行う士であると決意する。

808

人間として生を受けたのであれば、当然、人間が鳥や獣と異なるわけを知るべきである。

人間には五倫《ごりん》（父子の親、君臣の義、夫婦の別、長幼の序、朋友の信）が大切であると説く。

809

死して不朽《ふきゅう》の見込みあらばいつでも死ぬべし。
生きて大業《たいぎょう》の見込みあらばいつでも生くべし。

810

心は細心であることを望み、
肝っ玉は大胆であることを望む、
という言葉が好きである。

811

草莽崛起《そうもうくっき》

幕府も諸藩の藩主も、頼りにならない。今こそ民間の志のある人々が、立ち上がらなくてはならないと主張した。

812

松下陋村《しょうかろうそん》といえども、
誓って神国の幹とならん。

ひなびた松本村（生まれ育った土地）ではあるが、必ずや日本の根幹になるだろう。

高杉晋作《たかすぎしんさく》

長州藩士。松下村塾で学び尊王攘夷のために活躍。奇兵隊《きへいたい》を創設し長州藩を倒幕へ動かす。

生没
1839
▼
1867

813

強い百万の軍勢といっても恐れず、弱い一人の民を恐れるのが、武士の本意である。

高杉が創設した「騎兵隊規律」の中の言葉。

814

おもしろき　こともなき世を　おもしろく

辞世の句。病気療養中の晋作は、こんな歌の上の句を作り、歌人の野村望東が「すみなすものは心なりけり」（心がけ次第だ）と下の句をつけて歌を完成させた。

815

私儀このたび国事切迫につき、余儀なく亡命つかまつり候。

1862年閏《うるう》8月27日付、父の小忠太に宛てた手紙で、親孝行ができないことを詫びて脱藩する決意を伝えた。

816

翼《よく》あらば
千里の外も飛びめぐり、
よろづの国を
見んとぞおもふ

高杉晋作が詠んだ和歌。高杉は海外留学を藩の要人に頼むほど、海外見聞は宿願だった。

817

三本指を突いて、あやまれ。

子どもの頃、正月に凧揚げをしていたら、武士が高杉の凧を踏み、破ってしまった。高杉は憤慨《ふんがい》して、泥を着物に投げつけようとしたという。負けん気の強さを示すエピソード。横山健堂著『高杉晋作』より。

818

幾重の天下の形勢、この節の如くなればだいぶん愉《ゆ》快《かい》愉快。

幕末の動乱の状況と、同志が江戸遊学をしていく様子を高杉は面白がった。1858年4月13日付、吉田松陰宛て書簡より。

819

弔《とむら》わる人に入るべき身なりしに弔う人となるぞはずかし

久坂玄瑞《くさかげんずい》などかつての同志の墓前で詠んだ歌。死を弔われる立場になるはずだったのに、弔う人になっているとは、何と恥ずかしいことだろう。仲間たちへの誓いを立てる。

820

富士山を間違えることがあるか。腹を切れ。

萩《はぎ》から江戸まで航海実習に出かけた時、乗組員が「富士山が見える」と報告したが、実は大島富士だった。高杉は、激怒してこう言った。高杉の気性の激しさがわかる。横山健堂著『高杉晋作』より。

821

民富めば、すなわち国富み、すなわち良器械も手に応じて求めらるべし。

富国強兵を説いた言葉。良器械とは、最新兵器のこと。「回復私儀」より。

＊ 822

速やかに攘夷の策を実施しなければ、ついには中国の伏轍《ふくてつ》を踏むことになる。

＊ 823

聞いて恐ろし、見ていやらしい、添うて嬉しい騎兵隊

＊822　高杉晋作が幕府の上海視察団に加わり、中国人が西洋人の植民地となっている様子を見る。そして、日本も早く対策を講じなければ中国の二の舞になると、旅行記に記した。「続航海日録」より。　＊823　高杉が作ったという伝説がある俗歌。

松陰門下生

伊藤博文《いとうひろぶみ》

生没
1841
▼
1909

長州藩士。松下村塾に学ぶ。大日本帝国憲法を起草。初代内閣総理大臣。

824 *

始めより
巨大の志をもって
見たところが、
ナカナカその巨大な事は
経験がなければ
出来るものではない。

825

今日の学問はすべてみな実学である。
昔の学問は十中八九までは虚学である。

826

人は
人に使われることを知って、
その後に、
人を使うようように
ならなければならぬ。

827

動けば
雷電の如く、
発すれば
風雨のごとし。

松下村塾の先輩である高杉晋作を評した言葉。「高杉東行碑銘文」より。

*824 1899年、伊藤博文が故郷で講演した際の言葉。

松陰門下生

久坂玄瑞《くさかげんずい》

長州藩士。妻は吉田松陰の妹、文。尊王攘夷派の中心人物。

生没 1840▼1864

828

失敬ながら、あなたの藩も私の藩も滅亡しても大儀であればよいではないか。

久坂玄瑞が、土佐勤王党の武市半平太にあてた書簡の中の言葉。あなたの藩（土佐藩）も、長州藩も、攘夷のためなら滅んでもいい、との意味。『久坂玄瑞の武市半平太宛書簡』1862年1月21日付より。

829

しからばどうも致し方ない。

禁門《きんもん》の変で長州藩兵は、御所の薩摩《さつま》藩・会津《あいづ》藩の部隊と戦闘を開始。長州《ちょうしゅう》側は劣勢になり、死を悟った久坂がこの言葉を残して自決した。

＊ 830

大名は頼りにならない、公家も頼りにならない。草莽《そうもう》（志を持った民間の人間）の志士をまとめて、行動を起こす他に策はない。

＊830 1862年1月21日付、土佐藩の武市半平太に宛てた手紙の中の言葉。

吉田稔麿《よしだとしまろ》

長州藩の藩士。高杉晋作、久坂玄瑞とともに松下村塾の三秀の一人。

生没 1841▼1864

831

結《むす》びても　また結びても　黒髪の　乱れそめにし　世をいかにせん

吉田が池田屋に行く前に髪を結っていたが、元結が何度も切れたことを歌に詠んだ。この後、新選組の襲撃を受けて亡くなる。

山縣有朋《やまがたありとも》

長州藩士。高杉の騎兵隊に入る。内閣総理大臣などを歴任。

生没 1838▼1922

832

ひつじのみ群がる世こそうたてけれ、とらふす野辺に我はゆかまし

おとなしい羊ばかりがいる世の中ではなく、虎が隠れている野辺に出ていきたい、という気概を詠ったもの。

833

あだ守る　砦《とりで》のかかり　影ふけて　夏も身にしむ　越《こし》の山風

敵兵が守備する砦には、夜でも火がともされ、その影が伸びている。夏だというのに北陸の山風が冷たく身にしみる。北越戦《ほくえつせん》線《せん》に参戦して、松下村塾の同志の死を悼《いた》み詠んだ歌。

桂《かつら》小《こ》五《ご》郎《ろう》

木戸《きど》孝允《たかよし》。長州藩士。政治家。版籍奉還《はんせきほうかん》や廃《はい》藩置県《はんちけん》、参議内閣制の整備に尽力した。

生没 1833▼1877

834

広く会議を興し万機《ばんき》公論《こうろん》に決すべし。

明治天皇が発した五箇条の御誓文《ごせいもん》。原案に桂小五郎が修正を加えた。広く会議を開いて、公開された議論により政治を行うことを基本方針とした。

835

おれの死に場所は、鳳輦《ほうれん》のもと以外にない。

急進的な尊王攘夷論を掲げていた長州藩は、池田屋事件で新選組に藩士を殺されると、挙兵して京都に進撃した。この時、桂小五郎は、こう言って止めようとした。鳳輦とは、天皇の乗り物のことで、桂は、死に場所は天皇のもとしかないと説得した。しかし、長州藩は蛤御門の変で敗北し、朝敵とみなされた。

836

諺《ことわざ》にいう、生兵法《なまびょうほう》大傷のもとである。

欧米諸国との不平等条約を改正するため、遣欧《けんおう》使節団はアメリカへ到着。ところが、アメリカは改正の意志はまったくないことを知り、愕然《がくぜん》として手紙に書いた。1872年7月2日付、杉孫七郎宛て書簡より。

837

薩摩のために一杯喰わされたのだ。もうよろしい。僕はこれから帰る。

1865年、薩摩藩の西郷隆盛と、長州藩の桂小五郎が下関において薩長同盟のための会談が行われる予定だった。しかし西郷は、急に会談を延期した。桂は怒りを前面に出してこう言った。

838

今の世、進んで大事を為さんとせば、水戸《みと》藩と結ばざるべからず。

桜田門外の変で、大老井伊直弼《いいなおすけ》が水戸藩士らに暗殺される。事件を知ると、幕政改革のためには尊王攘夷を打ち出している水戸藩の力を借りるしかないと、決意する。そして、水戸藩の西丸帯刀《さいまるたてわき》らと会談を行い、水長盟約を結ぶ。

839

大政奉還《たいせいほうかん》は難しいだろう。しかし、その意見が七、八割まで通った時は、最後は砲撃芝居の他に方法はないだろう。

桂は武力によって、最終的に討幕するとの予測をしていた。

840

人の技術を盗んで、自分の劣っているところを捨て、人の長所を見習って、自分の短所を補う。

西郷隆盛《さいごうたかもり》

薩摩藩士。島津斉彬《しまづなりあきら》の知遇を受け藩政に参画。大政奉還、江戸無血開城などを成し遂げる。

生没 1828▼1877

841

総じて人は己れに克つことで成功し、自らを愛することで失敗するものだ。

842

私は土中の死骨も同然で、忍ぶべからざる恥を忍んでいる。

安政《あんせい》の大獄《たいごく》や、主君・島津斉彬の急死があり、西郷は僧・月照と入水自殺を図る。しかし、一人生き残り、それを恥と感じて苦悩する。1858年12月19日付、長岡監物《けんもつ》宛て書状より。

843

児孫《じそん》のために美田《びでん》を買わず。

子どものために田畑など財産を残してはならない。何度も苦労をしてこそ志は堅くなるという。

844

人を相手にせず、天を相手にせよ。天を相手にして、己を尽くし人を咎《とが》めず、我が誠の足らざるを尋ねるべし。

845

政治の本体は、文を興し、武を振い、農を励ます、の三点にある。

846

敬《けい》天《てん》愛《あい》人《じん》

西郷隆盛が好んでよく使った言葉。人が生きていく上で、天を敬することを目的として、天は他人も自分も同じように愛してくれるのだから、自分を愛するように他人を愛することだ、との意味。

847

国民の上に立つ者は、己を慎み、品行を正しくし驕奢《きょうしゃ》を戒め、節倹につとめ、職事に勤労して、国民の手本となり、人々の勤労を気の毒に思うようでなければ、政治を行うことはできない。

848

短刀一本で立派に片がつくではごわせんか。

1867年、王政復古《おうせいふっこ》の大号令が発せられて、小御所《こごしょ》会議が開かれた。会議は前将軍慶喜《よしのぶ》の政権参加を巡り、紛糾《ふんきゅう》する。深夜の休憩のとき、西郷は「異論を唱える山内容堂を黙らせるのに、短刀一本あればいい」と、容堂を刺し殺すことをほのめかして、その後の会議で容堂を沈黙させた。

849

才識さえあれば、
どんな事でも
思いのままにやれるものだ
と思っているらしいが、
才能に任せてやる事は
危なくて見ていられたものではない。

850

どれだけ制度や方法を議論したところで、
そこに人物がいなければ、
ものごとはうまくいかない。

851

過失を改めるには、自分で過ちを思いつけばそれでいい。その事を捨てて顧みず、新たな一歩を踏み出すべきである。

852

生命も要らぬ、名声も要らぬ、官位も金も要らぬという人間は、始末に困るものだ。

始末に困る人間でなければ、国家の大問題は解決できないと説く。

853

晋どん、もうここらでよか。

西南戦争において、政府軍は城山を包囲して最後の総攻撃を行う。流れ弾に当たった西郷は、傍らにいた別府晋介に対して最期にこう言った。別府は「ごめんなったもんし（お許しください）」と叫んで、西郷の首を刎《は》ねた。

大久保利通《おおくぼとしみち》

薩摩藩士。明治維新の元勲であり、西郷隆盛、木戸孝允（桂小五郎）と並んで「維新の三傑」と称される。

生没 1830▼1878

854

為《い》政《せい》清《せい》明《めい》

政治を行う者は、清らかでなければならないとの意味。大久保利通が座右の銘とした言葉。

855

おはんの死と共に、
新しか日本がうまれる。
強か日本が。

西南戦争で西郷隆盛が死亡の報を受け、号泣しながら発した言葉。

856

目的を達成するためには、
人間対人間の
うじうじした関係に
沈みこんでいたら物事は進まない。
そういうものを
振り切って、前に進む。

857

かれはかれ、われはわれでいこうよ。

大久保利通が同志の伊地知貞馨《いじちさだか》に宛てた手紙より。長州藩の高杉晋作は奇兵隊を組織して、藩政改革を行い始めた。これに対して幕府側は、第二次長州征伐に動き出そうとする。その際に大久保利通は、かれ（長州藩）はかれ、われ（薩摩藩）はわれで、独自の路線を歩むことが大切だと言っている。

858

ただ一つの秘策あり。

西郷隆盛の征韓論《せいかんろん》に反対するため、天皇に上奏《じょうそう》した。

859

非義の勅命は、勅命にあらず。

大久保利通は、幕府の第二次長州征伐の方針に反対して、たとえ朝廷の勅命が出ても薩摩藩は従わないと主張していた。しかし結局、勅命が下されて、利通がその怒りを日記に記した。

＊ 860

外夷《がいい》と戦うための道は、ただ筆と墨を用いることにある。

＊860 『大久保利通日記』より。

陸奥宗光《むつむねみつ》

生没 1844▼1897

紀州藩藩士。版籍奉還、廃藩置県などに力を注ぎ、外務大臣として不平等条約を改正。

861

政治はアートなり。サイエンスにあらず。

机上の空論をもてあそぶ人間には、政治はできないと、自著『蹇蹇録《けんけんろく》』の中で記している。

862

事の失敗に屈してはならない。失敗すれば失敗を償《つぐな》うための工夫をこらすべきである。

陸奥宗光が子に伝えた「六訓」の中の一つ。

863

勝者を過褒《かほう》し、敗者を過貶《かへん》するは誠に人情の弱点なり。

自著『蹇蹇録《けんけんろく》』の中の言葉。過褒とは、過大に

864

あらゆる事において堪忍《かんにん》が大事である。堪忍ができる範囲の事は、必ず堪忍すべきである。

薩摩藩

島津斉彬《しまづなりあきら》

薩摩藩十一代藩主。薩摩藩の富国強兵を実施。西郷隆盛ら人材を育成。

生没 1809▼1858

865

西洋人も人なり、佐賀人も人なり、薩摩人も人なり、退屈せずますます研究すべし。

集成館《しゅうせいかん》を興して、反射炉やガラス工場、紡績所などを造るが、その際の言葉。

桐野利秋《きりのとしあき》

薩摩藩士。陸軍軍人。征韓論政変で下野し西南戦争で奮戦する。

生没 1838▼1877

866

こげん細かかことのために戦うは、男子の恥ずるところ。

桐野に、同郷の人間が決闘を申し込んだが、桐野はこのように言って拒否した。

小松帯刀《こまつたてわき》

薩摩藩重臣。島津久光《ひさみつ》の側役となり、藩政改革に尽力する。

生没 1835▼1870

867

早まりて、事を破り給うな。

当時の薩摩藩は、公武合体を主張して朝廷と幕府の融和を図っていたが、急進的な志士たちは強硬に幕府を倒そうとした。帯刀はそうした動きを諭した。

勝《かつ》海《かい》舟《しゅう》

生没
1823
1899

幕臣、政治家。神戸海軍操練所を開設。江戸無血開城を実現。参議、海軍卿などを歴任。

868

人はよく方針方針というが、方針を定めてどうするのだ。

天下の事は、あらかじめ計り知ることはできないと言う。

869

主義といい、道といって、必ずこれのみと断定するのは、おれは昔から好まない。

870

海外発展という事は、貧乏で小《ちっ》ポケナ島国の日本にとっては、最も肝要の事サ。

871

ナニ、誰を味方にしようなどといふから、間違ふのだ。みんな、敵がいい。敵が無いと、事が出来ぬ。

872

根気が強ければ、敵もついには閉口して、味方になってしまうものだ。

873

世間は生きている。理屈は死んでいる。

874

馬鹿め、死んでどうする。戦というものは、大抵にして早く逃げるものだ。

明治維新の近代化に成功した政府は、欧米列強に追いつこうとして日清戦争に突入する。しかし勝海舟は、日清戦争に反対した。戦地に赴く兵士に対して、言った言葉。

875

行いは俺のもの、批判は他人のもの。俺の知った事ではない。

876

時勢は、人を造るものだ。

877

後進の書生に望むのは、奮《ふる》ってその身を世間の風浪に投じて、浮かぶか沈むか、生きるか死ぬるかのところまで泳いで見ることだ。

878

今の奴らは、ややもすれば、智慧をもって、一事逃れに難関を切り抜けようとするけれども、智慧には尽きる時があるから、それは到底無益だ。

879

なんでも人間は子分のない方がいいのだ。

この言葉に続けて、「見なさい。西郷も子分のために骨を秋風にさらしたではないか」と言っている。

880

世の中に
無神経ほど強いものはない。
あの庭の蜻蛉《とんぼ》をご覧。
尻尾を切って放しても、
平気で飛んでいくではないか。

881

人には余裕というものがなくては、
とても大事は出来ないよ。

山岡鉄舟《やまおかてっしゅう》

生没 1836▼1888

幕臣として、清河八郎とともに浪士組を結成。剣・禅・書の達人。一刀正伝《いっとうしょうでん》無《む》刀流《とうりゅう》の開祖。

882

晴れてよし 曇りてもよし 不二《ふじ》の山 元の姿は かはらざりけり

山岡鉄舟が詠んだ富士山の歌。世の中の動きに惑わされず、富士山のように確固とした自己を自覚して生きることが大切だと言っている。

883

絶頂に抜きんでる者は、必ずまた、どん底に陥る用心をしておくものである。

鉄舟は、歴史上の偉人たちの例を挙げながら、皆、小さなことを大切にしていると説く。さらに「平生、心細やかに慎み、馬鹿正直に勤めることが、人生行路の羅針盤である」と言っている。

884

勝負を争わず、心を澄まし胆を練り、自然の勝を得るを要とす。

一刀正伝無刀流の開祖である鉄舟は、剣と禅が一致する境地を追求した。

885 *

人にはすべて能不能あり。
いちがいに人を棄て、あるいは笑うべからず。

886

無刀とは
心の外に刀無しと云ふ事にして、
三界唯一心なり。

無刀とは、心以外には刀を持たないということ。
世の中の現象は、すべて心が作りだすものである。

887

真実の豪胆とは、
時に応じて、物事に対応する時、
さまざまに変化することを、
ひとはわかっていない。

888

一刀正伝無刀流の極意は、
特別な法はない。
敵が好む動きに応じて、勝ちを得ることである。

＊885 山岡鉄舟が15歳の時の覚書『修身二十則』より。

井《い》伊《い》直《なお》弼《すけ》

生没 1815▼1860

彦根《ひこね》藩十五代藩主で大老。日米修好通商条約に調印する。

889

正当な近親を置いておき、能力で選ぶのは、外国の悪習であり、皇国の美風ではない。

将軍継嗣《けいし》問題で、直弼は、聡明といわれる水戸藩の徳川慶喜ではなく、血筋が近い紀伊《きい》藩主・徳川慶福《よしとみ》を十四代将軍にすることに決定した。

890 ＊

勅《ちょっ》許《きょ》を待たないで条約を結ぶ重罪は、あまんじて自分一人が受ける決意である。

松《まつ》平《だいら》春《しゅん》嶽《がく》

生没 1828▼1890

福井藩主。政治家。藩政改革を行う。幕末の四賢侯の一人。

891

我に才略なく、我に奇策もないが、常に周りの意見を聞いて宜しいところに従う。

＊890『公用方秘録』より。

徳川慶喜《とくがわよしのぶ》

生没 1837▼1913

十五代征夷大将軍。大政奉還や新政府軍への江戸開城を行った。

*892

我々もまた天下の安泰のために、徳川家の政権を朝廷に奉還する。

893

芋焼酎の酔い方は、酒よりもはなはだしいという説がある。芋焼酎の銘柄は、大島（西郷）というそうだ。

第一次長州征伐《ちょうしゅうせいばつ》で、幕府軍の総督は徳川慶勝《よしかつ》であったが、実権は西郷隆盛《さいごうたかもり》が握っていた。徹底的に長州藩を征伐することができたが、西郷が温情を示した。そのことに対して、慶喜は皮肉を込めてこう話した。

*894

天下を取ることほど、気骨が折れることはない。

徳川斉昭《とくがわなりあき》

生没 1800▼1860

水戸藩九代藩主。徳川慶喜の実父。藩政改革を行った名君。

*895

今日は掃部頭《かもんのかみ》に切腹させるまでは、退出しない。

掃部頭とは、大老井伊直助《いいなおすけ》。井伊は、独断によって将軍継嗣問題を決めて、外国との通商条約を調印した。これに激怒した斉昭が、江戸城に入り強硬に井伊に迫った。

＊**892** 1867年10月14日、慶喜は幕臣たちを集めて大政奉還を決意したことを表明した。
＊**894** 1853年8月12日付け、将軍継嗣問題で争っている時に、父・斉昭《なりあき》宛てに出した手紙より。＊**895**『公用方秘録』より。

岩倉具視《いわくらともみ》

公家・政治家。大久保利通らと王政復古を画策。維新後、廃藩置県を断行。

生没 1825▼1883

896 ＊

徳川家の恩義を感じて、あえて朝廷の命令に服さない者は、大坂城を救援するとよい。

1868年、戊辰戦争の緒戦である鳥羽伏見《とばふしみ》の戦いが勃発。新政府軍が旧幕府軍を敗走させた。徳川慶喜は大坂城での徹底抗戦を主張。岩倉は、朝敵にならないよう旧幕府側の人間に言った。

897 ＊

計略が渇《つ》き、智恵が窮《きわ》まったときは、少し睡眠をとるといい。

王政復古のクーデターの当日、酒を飲み寝た後で、この言葉を語り、王政復古の大号令を発したという。

898

和宮《かずのみや》降嫁《こうか》を勅許《ちょっきょ》することは、政権回復の端緒になる。

公武合体を進めるために、皇女を将軍家茂《いえもち》の正室とすることは、朝廷が政権を取り戻すことにつながる、と主張した。

＊896、987『岩倉公実記』より。

河井継之助《かわいつぎのすけ》

長岡藩牧野家の家臣。藩政改革に尽力。戊辰戦争で新政府軍と交戦。

生没 1827▼1868

899

資治通鑑《しじつがん》を三月で読むだとか、二十一史を幾日の間に読むだなどと自慢する者もあるが、いかなる了見か気がしれぬ。

『資治通鑑』は中国北宋の司馬光が編纂した歴史書。会心だと思う文章は、何遍でも読むのがよい、と主張する。

900

人というものの世に居るには、出処進退《しゅっしょしんたい》の四つが大切なものである。

901

人間というものは、棺桶《かんおけ》の中へ入れられて、上から蓋をされ、釘を打たれ、土の中へ埋められて、それからの心でなければ、何の役にも立たぬ。

902

死ぬ気になって致せば、生きることも出来、もし死にたくない、危ない目に逢いたくないという心があるなら、それこそ生きることも出来ず。

903

天下になくてはならぬ人になるか、有ってはならぬ人となれ。沈香《じんこう》もたけ、屁《へ》もこけ。

高貴な香りを漂わせたり、嫌な臭いのする屁もたれろ。存在感のある人間になれと主張する。

榎本《えのもと》武揚《たけあき》

生没 1836▼1908

幕府海軍の指揮官。蝦夷共和国の総裁。逓信大臣などを歴任。

904

官軍朝敵差別ない、死んだ者には口がない、攘夷攘夷ととどめない、開港してもしまりない

榎本武揚が明治二年ごろ、東京の獄中で明治新政府を批判して「ないない節」という戯れ歌を作った。

大鳥《おおとり》圭介《けいすけ》

生没 1833▼1911

赤穂《あこう》藩の藩医の子。歩兵奉行。戊辰戦争では新政府軍と戦う。

905

死のうと思えばいつでも死ねる。今度はいちばん降参としゃれてみてはどうか。

五稜郭《ごりょうかく》で新政府軍と戦い、敗北を覚悟した時に首脳陣に言った言葉。

＊ 906

誰か正、誰か邪、強いて弁《べん》ぜず

伊達《だて》宗城《むねなり》

生没 1818▼1892

宇和島《うわじま》藩八代藩主。政治家。井伊直弼と将軍継嗣問題で対立。

＊ 907

明日は腹痛になるので、参内《さんだい》できない。

四侯会議（松平春嶽、山内容堂、島津久光と徳川慶喜が出席）がなかなか進展しない状況のため、宗城はこう言って慶喜を牽制した。『伊達宗城在京日記』より。

＊906 五稜郭を新政府軍に明け渡した際に詠んだ漢詩。

横井《よこい》小楠《しょうなん》

熊本藩士。福井藩の政治顧問となり、幕政改革で活躍する。

生没 1809▼1869

908

人は決死の境地に入れば、必ず決断できる。

欧米諸国と締結した不平等条約は、戦争になったとしても破棄すべきだと主張した。

佐藤《さとう》一斎《いっさい》

岩村藩出身の儒学者。林家の塾長。三〇〇〇人の門下生を教育。

生没 1772▼1859

909 *

一灯を掲げて暗夜を行く。暗夜を憂うことなかれ。ただ一灯を頼め。

江藤《えとう》新平《しんぺい》

佐賀藩士。司法権の独立・警察制度の統一を図る。佐賀の乱を起こす。

生没 1834▼1874

910

人間の智恵は、空腹中に生まれる。

江藤新平は、少年時代、赤貧の生活を送った。その時の口癖。その逆境から立身出世を図った。

911

誤訳もまた妨げず、ただ速訳せよ。

欧米諸国に対抗して近代化を急ぐ中で、民法を制定するためフランスの民法の翻訳を事務方に頼んだ。誤訳してもいいから、とにかく早く翻訳するようスピードを重視した。

*909『言志晩録』十三条より。

近藤勇《こんどういさみ》

生没
1834
1868

新選組局長。天然理心流剣術道場・試衛館に入門して、宗家を継ぐ。新選組を結成する。

912

拙者《せっしゃ》の刀は、虎徹《こてつ》でしたので、無事でした。

近藤の刀は、「虎徹《こてつ》」という名刀であった。池田屋事件で、他の隊士たちの刀は、ボロボロになったのに、自分の刀は無傷であったと自慢をしている。郷里へ宛てた書簡より。

913 ＊

義を取り、生を捨てるは、
私の望むところである。
快く受けよう 電光三尺の剣
ただ、死をもって君恩にこたえる

914

事あらば
われも都の村人と
なりてやすめん 皇御心《すめらみこころ》

915

新選組のためにけしからぬ陰謀をいだく伊東甲子太郎《いとうかしたろう》は、先刻切り伏せた。死体はそのまま七条の油小路に捨て置いた。

油小路事件で伊藤甲子太郎を暗殺。近藤がこの機会に、伊藤の一味を殲滅することを永倉らに命じた。

＊913 辞世の漢詩。

土方歳三《ひじかたとしぞう》

生没 1835▼1869

多摩の農家の生まれ。新選組副長。戊辰戦争では旧幕府軍側で抗戦。函館五稜郭で戦死。

916

武器は、鉄砲や大砲でなければならない。僕は、剣を身につけ槍をとって戦ったが、全く役に立たなかった。

鳥羽伏見の戦いで、新政府軍の最新式の鉄砲と大砲の前に、旧幕府軍は敗走する。『譚海《たんかい》』より。

917

よしや身は　蝦夷《えぞ》が島辺に　朽ちぬとも
魂は東の　君やまもらむ

函館五稜郭での新政府軍との戦いの際に、一人の隊士に自分の髪と写真、そしてこの辞世の句を書いた紙片を渡したという。自分は北海道の地で死んでいくが、自分の魂は天皇を守るだろう、との意味。

918

士道に背《そむ》くまじき事、局を脱するを許さず。

土方歳三が定めたといわれる新選組の隊規「局中法度」。この隊規により多くの隊士が粛清された。

＊919

しれば迷い　しなければ迷わぬ　恋の道

＊919 土方歳三がまとめた句集『豊玉発句集《ほうぎょくほっくしゅう》』より。

新選組

沖田総司《おきたそうじ》

生没 1844▼1868

新選組一番隊組長。天然理心流の道場・試衛館の塾頭。

920

動かねば　闇にへだつや　花と水

辞世の句。花は自分で、水とは土方のこと。今動かなければ、二人は別れてしまう、と最後は病気で息を引き取った。

芹沢鴨《せりざわかも》

生没 ?▼1863

水戸藩浪士、新選組の初代筆頭局長。土方らにより暗殺された。

921

尽《じん》忠《ちゅう》報《ほう》国《こく》之《の》士《し》

いつも持っていた鉄扇に刻まれた言葉。国の恩に報い忠義を尽くすとの意。

永倉新八《ながくらしんぱち》

生没 1839▼1915

松前藩士。脱藩後、新選組二番隊組長、撃剣師範《げきけんしはん》となる。

922

これまで同盟こそすれ、いまだお前の家来にはなっていない。

近藤勇と衝突して、新選組を脱退するときの言葉。

923

右五カ条について、近藤が一カ条でも弁明ができるならば、われわれ六名は切腹してはてる。

芹沢鴨の暗殺以来、近藤は独裁的になり、これに反抗した永倉など六名の隊士が会津藩主に建白書を出し、近藤の非行を訴えた。

924

土道不覚悟！

齋藤一《さいとうはじめ》
生没
1844
▼
1915
新選組三番隊長、撃剣師範。明治になると、警視官となる。

自分の子どもに剣術を教え、不意打ちをして子どもが対処できないと、こう言って怒鳴ったという。

925

益荒男《ますらお》の七世かけて誓いてし、言葉たがわじ大君のため

藤堂平助《とうどうへいすけ》
生没
1844
▼
1867
新選組八番隊組長。新選組四天王の一人。後に、御陵衛士《ごりょうえじ》となる。

男が天皇のために来世にまで誓う言葉に、変わることはないという意味。

926

あの時、私がいなかったら、先生の首はすでに飛んでしまっていたでしょう。

岡田以蔵《おかだいぞう》
生没
1838
▼
1865
土佐藩郷士。幕末の四大人斬りの一人。土佐勤王党に加盟。

以蔵は、坂本龍馬の頼みにより勝海舟の護衛をしたことがある。その時、刺客が現れたので、以蔵は斬り捨てた。勝はそれを諌めるのだが、以蔵はこう言葉を返した。

戊《ぼ》辰《しん》戦《せん》争《そう》

1868（慶応4）年、戊辰の年に始まり、維新政府軍と旧幕府側との間で十六か月余にわたって戦われた内戦。新政府軍は鳥羽・伏見の戦いに勝利して、その後、江戸城を接収、会津戦争や箱館五稜郭での激戦を経て、新政府軍が鎮定した。

927

鳥《と》羽《ば》一発の砲声は、百万の味方を得るよりも嬉しかった。

鳥羽の関門に旧幕府軍が進撃し、これに対して薩摩藩は砲弾を発射して、鳥羽の戦闘が開始された。その時、西郷は、伏見で旧幕府軍と対峙していたが、この砲声を聞き、勇気づけられたと語る。

西郷隆盛 ⇓P260

928

御《お》小《こ》姓《しょう》の交替である。

鳥羽で開戦となったことを知り、徳川慶喜は大坂城を夜中に脱出する。その際、門番には「小姓の交替だ」と身分を偽った。その後、開陽丸に乗り込み、江戸城に入る。

徳川慶喜 ⇓P275

929 ＊

もし戦が長期化するならば、中国やインドの二の舞となって日本は瓦《が》解《かい》して、国民は塗《と》炭《たん》に陥るだろう。

徳川慶喜が新政府に恭順を決めた言葉。

徳川慶喜 ⇓P275

西郷隆盛
徳川慶喜
河井継之助
品川弥二郎
勝海舟

930

八十里　こしぬけ武士の　越す峠

河井継之助はは長岡藩兵を率いて、北越戦線で激烈な戦いをしたが、ついに長岡城は陥落する。長岡藩は会津若松へ退却するが、その途中の峠道で、自分のふがいなさを腰ぬけ武士として句を詠んだ。

河井継之助 ⇓P 277

品川弥二郎《しながわやじろう》

生没 1843▼1900

長州藩士、政治家。松下村塾に入門。尊王攘夷運動で活躍。松方内閣の内相などを歴任。

931

あれは朝敵征伐せよとの錦《にしき》の御旗《みはた》を知らないか

長州藩士の品川弥二郎が作った歌(風流都ぶし)とされる。新政府軍は錦の御旗を先頭に立てて、軍楽隊がこれを演奏しながら進軍した。

932

さて、いよいよ談判となると、西郷は、おれのいうことを一々信用してくれ、その間一点の疑念もはさまなかった。

江戸無血開城となった勝海舟と西郷隆盛の会談についての言葉。

勝海舟 ⇓P 268

*929 塗炭とは、ひどく苦しい境遇のこと。

会津藩

松平容保《まつだいらかたもり》

生没 1836▼1893

会津藩の最後の藩主。京都守護職。鳥羽伏見の戦いに敗北。

933

行くも憂し
行かぬもつらし
如何にせん
君と親とを 思ふこころを

容保が京都守護職を幕府から命じられるが、親の反対があり悩んでいる時の心境を歌に詠んだ。天皇のために京都の治安維持に務めるが、戊辰戦争では朝敵の汚名を着せられた。

934

義に死すとも、不義にいきず。

935

法を犯す者は捕縛《ほばく》せよ。反抗する者は便宜斬殺《べんぎざんさつ》するを許す。

天誅《てんちゅう》を繰り返す志士たちを取り締まるために、会津藩兵にこう命令した。

西郷頼母《さいごうたのも》

生没 1830▼1903

会津藩の家老。新政府軍と戦い、箱館の榎本武揚軍に加わる。

936

薪《たきぎ》を負うて、火を救うにひとし。

幕府から松平容保に対して京都守護職就任を要請された際、政局に巻き込まれる懸念からこう言って再三にわたり反対した。その結果、家老職を罷免された。また会津戦争では、ほとんどの藩士が新政府軍との徹底抗戦を主張したが、西郷頼母は新政府への恭順を訴えた。

佐久間象山《さくましょうざん》

松代藩士。兵学者・思想家。江戸で私塾「象山書院」を開く。

生没 1811▼1864

937

東洋の道徳、西洋の芸術。

西洋の科学技術や文明を取り入れることを主張した。

938 *

外国の侵略を防ぐためには、まず外国の事情を知ることが大事である。その事情を知るには、まず言葉に通じることだ。

939

日本人は世界で最優秀、その日本人の中でも、おれは最優秀。

940

人われを誉《ほ》むれども一糸《いっし》を加えず。人われを毀《そし》れども一毫《いちごう》を減ぜず。

一糸、一毫とも、きわめてわずかの意。誉められたり、けなされたりしても、他人の評価を気にしてはならない。

*938『省諐録《せいけんろく》』より。

橋本左内《はしもとさない》

福井藩藩士。松平春嶽《まつだいらしゅんがく》に登用され、藩医や藩校・明道館学の監心得となる。

生没 1834▼1859

941

急《きゅう》流《りゅう》中《ちゅう》底《てい》の柱
即ち是れ
大丈夫《ますらお》の心。

激流の中でも倒れない柱のように、いかなる時も動じない信念を持つのが立派な人間である、との意味。自身が常用していた書箱のふた裏に記した言葉。

942

気とは、
人に負けない心があって、
恥辱のことを
無念に思うところから
起きるものである。

左内が、十五歳の時に自分の人生の指針についてまとめた『啓発録』の中の言葉。五つの項目の中の「振気《しんき》」（気を働かせて、恥辱を知ること）の大切さを主張している。

＊943

目的を達成するためには、
いかなる手段をも行うべきである。

＊944

志がない者は、
魂がない虫と同じである。

＊943 左内は、開国派と攘夷派を利用しながら目的を達成していった。 ＊944『啓発録』より。

橋本左内
藤田東湖
高橋泥舟
頼山陽

藤田東湖《ふじたとうこ》

生没 1806▼1855

水戸学藤田派の学者。徳川斉昭の側用人として藩政改革にあたる。

945 *

余はもとより文もなく武もなく、ただ顔色黒くして眼大《めだい》なるのみ。

946

大義を明らかにして、日本人の心を正しくすれば、天皇中心の国家が繁栄していないことを、憂慮するはずだ。

高橋泥舟《たかはしでいしゅう》

生没 1835▼1903

自得院流の槍術師範役。幕末の三舟の一人。徳川慶喜に仕えた。

947

おのれ愚なりとも慎む者は、必ず賢き道に至るものなり。

『泥舟遺稿』より。この言葉に続いて、賢くても自分の意のままに行動する者は、天地の心から離れて滅びると言っている。

頼山陽《らいさんよう》

生没 1780▼1832

歴史家、思想家。著書『日本外史』は尊皇攘夷運動に影響を与えた。

948

現在の私は認められていなくても、千年か百年後のいつかは理解されるだろう。

*945『実歴史伝』より。

福沢諭吉《ふくざわゆきち》

中津《なかつ》藩士。教育者。慶應義塾《けいおうぎじゅく》の創設者で、専修学校（後の専修大学）などの創設にも尽力。

生没 1835▼1901

950

人は生まれながらにして
貴賤貧富の別なし。
ただ学問を勤めて物事をよく知る者は
貴人となり富人となり、
無学なる者は
貧人となり下人となるなり。

949 *

今の世に生まれて
愛国心がある者は、
公私を問わず
まず自己の独立をはかり、
余力があれば
他人の独立を助けるべきである。

951

独立の気力なき者は、
必ず人に依頼す。
人に依頼する者は、
必ず人を恐れる。
人を恐れる者は、
必ず人に諂《へつら》うものである。

952

「天は
人の上に人を造らず
人の下に人を造らず」と
云えり。

953

この塾のあらん限り
大日本は世界の文明国である。
世間に頓着するな。

福沢は上野戦争の当日も、慶応義塾で講義をしていた。塾生たちに、聞こえてくる砲声を気にするなと、言った。『福翁《ふくおう》自伝』より。

954 ＊

十人に会って
偶然一人に当たったならば、
二十人と会えば
偶然二人を得るだろう。

偶然に会った人が生涯の親友になることがある。だから関心をさまざまにもち、多方面で人と接することが重要である、と『学問のすすめ』で記している。

955

ただ旧友を忘れないだけでなく、
兼ねてまた新友を求めるべきである。

＊949、954 出典／『現代語訳　学問のすすめ』福澤諭吉　齋藤孝訳　ちくま新書。

大隈重信《おおくましげのぶ》

生没 1838▼1922

佐賀藩士。内閣総理大臣（第八・一七代）。憲政党を結成する。早稲田大学の前身を創立。

957

人間が生きるのは、社会の利益のために存在するということだ。ただ生きているのでは、つまらない。

958

予は朝《ちょう》にある時も野にある時も主義とする所は則ち一つである。

大隈は、下野して民間人になったり、政界に復帰したり、何度も政界と民間を行き来している。しかし、主義主張は変わりはないと言っている。

959

敵なくして事を為すは、不可能である。

*956

怒るな
愚痴をこぼすな
過去を顧みるな
望みを将来におけ
人のために善をなせ

＊956 大隈重信の「長生五カ条」より。

960
我が輩は楽観説である。
人生を重んじて、常に未来に
光明を望んで行くのである。

961
人間何人か
ひとたび自己の
過去を顧みるとき、
これが成功なりとして
満足しうるものがあらうか。

962
少し我儘《わがまま》な者に出会うと、
すぐ正義の二字を振って戦う。

963
幾多の失敗を重ねたが、
しかし恐縮はせぬ。
失敗はわが師なり。
失敗はわが大なる進歩の一部なり。

岩崎弥太郎《いわさきやたろう》

生没 1835▼1885

三菱財閥の創業者。土佐藩士の後藤象二郎《ごとうしょうじろう》により、土佐商会主任、長崎留守居役に抜擢される。

964

人に頭を下げると思うな、金に頭を下げると思え。

965

国家の有事に際して、私利を顧みず。

1871年、琉球の住民が暴風のため台湾に漂着し、台湾人が虐殺するという事件が起こった。この事態に日本は台湾に出兵するが、軍需物資を輸送する船が不足していた。政府は岩崎の三菱に、船を全て国家のために用立ててもらいたいと、言ってきた。それに対して、岩崎は全力でご奉公すると答えた。

966

商法経営の方策は、現在のわが国で、わが社の右に出る者はないようにすることである。

＊ 967

天下の事業は、自分の手腕にある。志を得ることができなければ、二度とこの山には登らない。

＊967、968、969『岩崎弥太郎伝』（岩崎弥太郎・岩崎弥之助伝記編纂会）より。

968 ＊

賢い兎《うさぎ》は三つの巣穴を作るというが、事を計画するに
あたって、上中下三策を用意すればいいという考えは、
まだ万全ではない。私は、さらに第四の方策を考慮し
て、あらゆる場合に備えることにしている。

969 ＊

人間は一生のうち、
必ず一度は
千載《せんざい》一《いち》遇《ぐう》の好機に
遭遇するものである。
しかし凡人は
これを捕えずして逸してしまう。

チャンスを捕まえるためには、透徹明敏《とうてつめいびん》の識見と、
緻密な注意力と、豪邁《ごうまい》な胆力が必要であるという。

970 ＊

吾より先に
競争を挑み、
敵に遅るるかなれ。

＊970 岩崎弥太郎の遺言。

人間関係

武士とは

971

士たる者は、いったん結んだ約束を破ることを恥とする。和睦が成立して、戦が終わったのに、相手を陥れるというのでは、武士としての資格に欠ける。

福島正則 ⇒P81

972

武士道は、死に狂いである。人を殺している者に、数十人がかかっても対抗できない。

正気でいては、大きなことはできない。また、分別を考えると、遅れをとることがある。武士道においては死に狂いこそ重要で、ここから忠孝が生まれてくる、と言っている。

鍋島直茂 ⇒P143

973

侍は、人好きでなければ、物事を行うのに無骨になり、世間に疎くなる。

小早川隆景 ⇒P134

974

士は、武を忘れてはならない。他の作法は少々違っても、問題はない。

半兵衛は、日常の行動が変わっていて、手をこすり合わせたり、片足を投げ出して座っていたりした。それを他の人間が注意したところ、半兵衛はこう答えた。手足がしびれたりして、すぐ動けないと、恥であるということだ。

竹中半兵衛 ⇩P71

975

武士の道は、義より大きいものはない。義は勇気によって実行されて、勇気は義によって成長する。

吉田松陰 ⇩P246

976

武士はなるほど武士臭く、味噌はなるほど味噌臭くあれかし。

徳川家康が忠臣の本多忠勝に話した言葉を、鉄舟は「東照宮御遺訓所感」として記している。武士は、常在戦場の心構えで、普段から武士道を心がけることが大切であると言う。

山岡鉄舟 ⇩P270

977

喧嘩させまいとするあまりに、男道を失わせてはならない。

武田の武士たちは喧嘩が絶えなかったが、喧嘩両成敗には反対だった。

内藤昌豊 ⇩P123

人間関係

友人

978

十人に会って一人の偶然に当たるならば、二十人に接して二人の偶然を得《え》るべきである。

いい友を得るために、交際を広くすることが重要である。

福沢諭吉 ⇓P288

979

良い友として求めるべきは、手習いや学問の友である。悪友として避けるべきは、碁・将棋・笛・尺八の遊び友達である。

*

北条早雲 ⇓P108

980

久しぶりで会った人が、自分のほうにあったことを片っ端から残らず話つづけるのは曲《きょく》のないものである。

曲とは、おもしろみの意味。しばらく会わなかったならば、遠慮してもよさそうなものだ。ちょっと面白いことがあると、息もつかずに話すのは、二流の人間である、という。

吉田兼好 ⇓P31

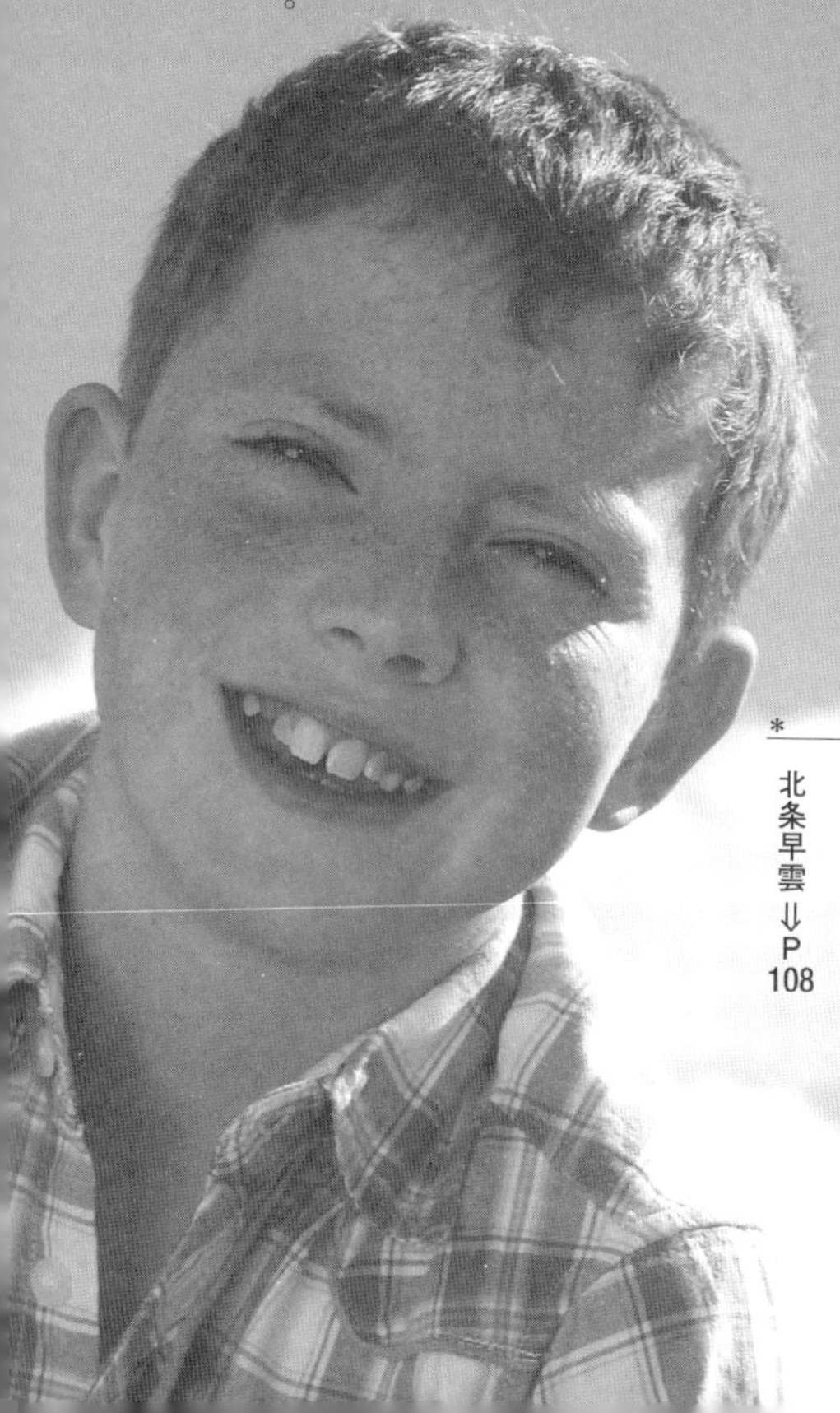

981

盟友の信頼の深さを知るには、死、緊急、困難の、三つのことで知ることができる。

高杉の祖父が亡くなった時、友人たちは誰も弔問に訪れなかった。唯一、松陰だけがお悔やみの手紙を送ってきた。そのことを、高杉は、松陰に手紙で伝えたのである。１８５８年4月10日以前、吉田松陰宛て書簡より。

高杉晋作 ⇓P250

982

常に良き友と話をするようにして、異なった見解を聞くべきである。善悪は友人に影響されるものだ。

藤堂高虎 ⇓P76

983

友とは、その人徳を友とするのである。

吉田松陰 ⇓P246

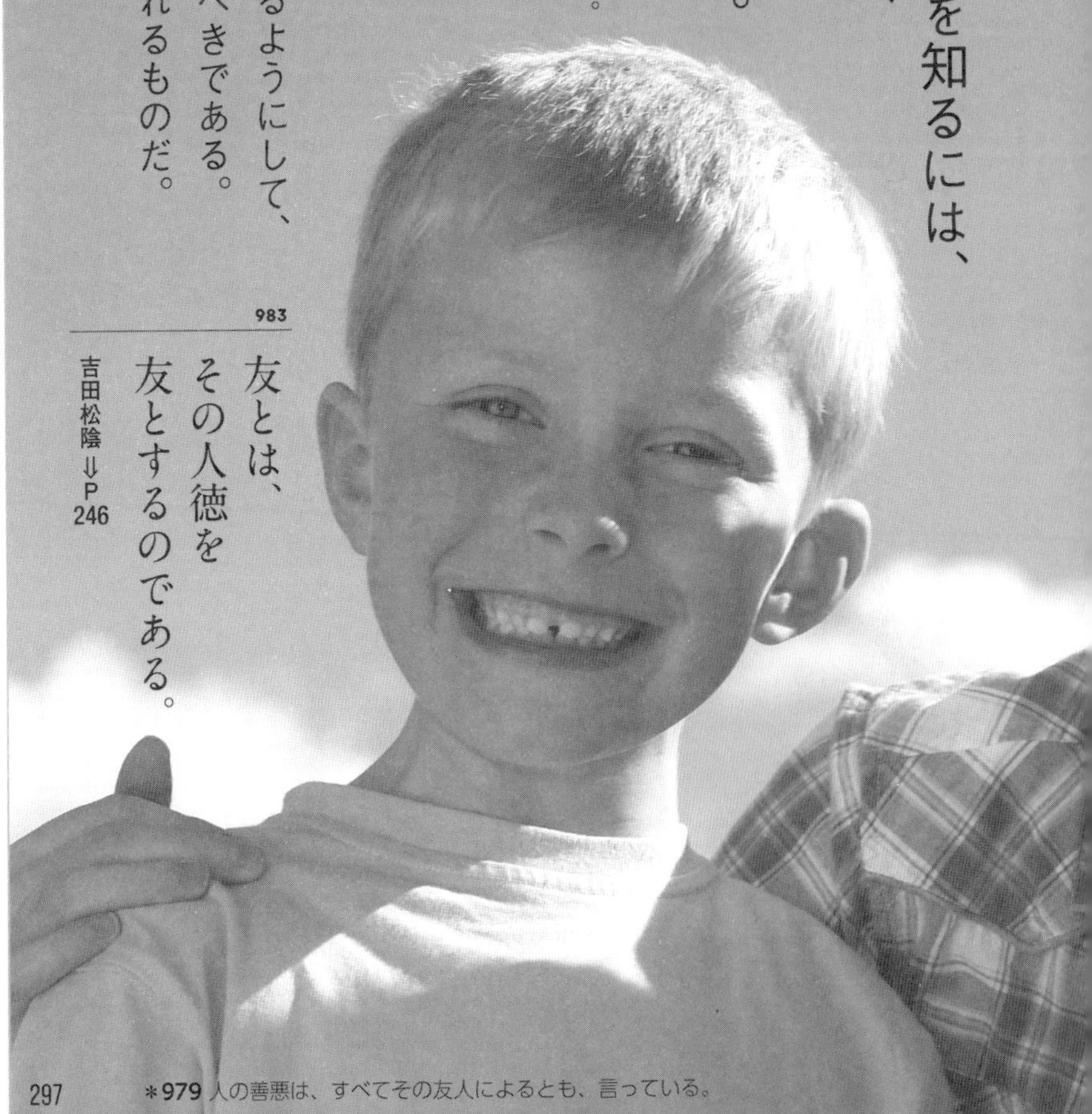

＊979 人の善悪は、すべてその友人によるとも、言っている。

人間関係

子ども

984

人は銘々、持って生まれた天分がある。俺はお前に、何でも俺の志を継げよと無理はいわぬ。

二男の文吉がイギリス留学する時に、伊藤博文が言った言葉。この後で、志を継ぐ気なら、天子様に忠義を尽くすことが大事であると、続けている。『伊藤博文直話』より。

伊藤博文 ⇓P253

985

子は近いので、敬服しなくてもいい。しかし孫は遠いので、敬服しなくてはならない。

細川忠興 ⇓P141

986 *

家督はやはり、嫡男に譲るのが本当だった

斎藤道三 ⇓P129

987

その時には口を吸いますよ。誰にもその口を少しも吸わせてはいけません。

秀吉の息子・秀頼への溺愛ぶりが分かる手紙。今度、会った時には、接吻しますよ。誰とも接吻しないように、と言っているのである。

豊臣秀吉 ⇓P66

伊藤博文
細川忠興
斎藤道三
豊臣秀吉
清水宗治
竹中半兵衛

＊986 嫡男とは、斎藤義龍《よしたつ》。義龍に家督を譲るが器量に疑いをもち、家督を変えようとしたため義龍の謀反にあう。父子の合戦となり、道三は負けを認めた。

988

朝起きや 上《じょう》意《い》・算用・武具・普《ふ》請《しん》 人を遣《つか》いて 事をつつしめ。

秀吉軍は高松城を水攻めにして、宗治の命と引き換えに城兵を助命する講和を結び、宗治は自刃する。この時、幼い子どもに残した歌である。

清水宗治《むねはる》（備中高松城主。秀吉の中国攻めの際、籠城して抗戦）

989

お前も、褒《ほ》めてもらいたければ、自分で手柄を立てろ。

半兵衛は秀吉から感状をもらうたびに破ったり、燃やしたりしていた。半兵衛の息子が「なぜ破るのか」と質問した時の返答。他人の実績で箔をつけるより、自分で手柄を立てて出世しろという意味。

竹中半兵衛 ⇓P71

妻

* 991

一筆啓上　火の用心　お仙泣かすな　馬肥やせ。

本多重次（徳川家康の家臣。三河三奉行の一人。鬼作左とあだ名された）

990

お前を
五十日のうちに
輿《こし》に乗せる
身分に
してみせる。

光秀が浪人時代の貧しかった頃、妻が自分の髪を切って夫のために酒と魚を買い求めた時に、誓った言葉。

明智光秀 ⇒P64

992

自分の女房に
情けなくあたる者がいる、
おおいに道に間違ったことである。

藤堂高虎 ⇒P76

* 993

妻を愛しているのに、
尊敬することを知らないのは、
世の中の一般の
悪い風習である。

福沢諭吉 ⇒P288

994

くれぐれも、
お拾《ひろい》（秀頼）に
乳をよく飲ませて、
眠らせるように。
乳が足りるように、
食事もよく採るように。
少しも物事を
気にかけないように
してください。

息子の秀頼と、淀殿の健康を気遣った手紙。

豊臣秀吉 ⇒P66

995

恩愛深い
夫婦の仲だからこそ、
未練なのだ。

江戸屋敷で政宗が死を迎える時、病気で見苦しい姿を妻に見せたくないと、会わなかった。

伊達政宗 ⇒P102

996

会いたいことは、
言わなくても知れたことだが、
これはすっぱり
思い切ってほしい。

獄中から妻・富子に宛てた手紙。妻に会いたいが、会いに来ることは後世までの恥であるから諦めてほしいと、言っている。

武市半平太 ⇒P244

997

今夜もまた
お前の夢を見ました。
ただ今この場に
現われたようです。

島津義弘が、妻に宛てたラブレター。この時、義弘は五十七歳であった。

島津義弘 ⇒P140

＊**991** 越前丸岡城に「一筆啓上碑」がある。長篠の戦に臨み、妻に宛てた手紙。お仙とは、嫡男・仙千代のこと。＊**993** 福沢諭吉著「日本婦人論後編」より。

人間関係

人づきあい

998

人をもてなすのに、悪いことが三つある。一に薬、二に馬、三に河豚《ふぐ》。

三つとも不注意に勧めると、事故になる。人をもてなす時は、細心の注意をすること。

高坂昌信 ⇓P122

999

栄誉や人望は、努力して求めるべきものである。ただ、これを求めるにあたっては、相応のバランスをとることが重要なのだ。

＊

福沢諭吉 ⇓P288

1000

茶の湯の交会は、一期一会であり、幾度同じ主客と交会したとしても、今日の会に再び帰ることはできない。

井伊直弼 ⇓P272

＊999 出典／『現代語訳 学問のすすめ』福澤諭吉、齋藤孝訳、ちくま新書

参考文献

【第1章】『現代語訳平家物語』上下　尾崎士郎訳　岩波現代文庫／『楠木正成のすべて』佐藤和彦編　新人物往来社／『日本人のこころの言葉　鴨長明』三木紀人著　創元社／『現代語訳　徒然草』佐藤春夫訳　河出書房新社／『日本人のこころの言葉　一休』西村惠信著　創元社／『日本人のこころの言葉　世阿弥』西野春雄・伊海孝充著　創元社／『西行全歌集』岩波文庫／『狂雲集』一休宗純著　柳田聖山訳　中央公論新社

【第2章】『戦国武将名言録』楠戸義昭著　PHP文庫／『戦国名将一日一言』童門冬二著　PHP研究所／『人生が開ける戦国武将の言葉』童門冬二著　PHP研究所／『戦国武将名言集』桑田忠親著　廣済堂出版／『戦国名将・智将・梟将の至言』楠戸義昭著　学研文庫／『戦国武将百人百言』PHP研究所編　PHP研究所／『武将と名僧』百瀬明治著　潮流出版／『備前老人物語　武功雑記』松浦鎮信撰　現代思潮社／『戦国武将「一日一訓」』高野澄著　PHP研究所／『戦国金言手帳』坂本優二著　グラフ社／『名将言行録』原本現代訳上中下巻　岡谷繁実原著　ニュートンプレス／『原本現代訳　信長公記』上下巻　太田牛一原著　榊山潤訳　ニュートンプレス／『戦国武将逸話集』訳注『常山紀談』巻1～7、巻8～15　湯浅常山原著　勉誠出版／『武将感状記』真鍋元之訳　金園社／『武家の家訓』吉田豊編訳　徳間書店／『完訳フロイス日本史⑦宗麟の改宗と島津侵攻』大友宗麟編II　中公文庫／『運命を切り開く戦国武将100の言葉』丸茂潤吉著　彩図社

【第3章】『人物叢書　大岡忠相』大石学著　吉川弘文館／『江戸の名奉行』丹野顯著　文春文庫／『これが本当の「忠臣蔵」』山本博文著　小学館新書／『保科正之』中村彰彦著　中公文庫／『人物叢書　林羅山』堀勇雄著　吉川弘文館／『老いてますます楽し　貝原益軒の極意』山崎光夫著　新潮社／『養生訓』貝原益軒著　松田道雄訳　中央公論新社／『白隠禅師　健康法と逸話』直木公彦著　日本教文社／『沢庵和尚　心にしみる88話』牛込覚心編著　国書刊行会／『緒方洪庵』中田雅博著　思文閣出版／『五輪書』鎌田茂雄訳注　講談社学術文庫／『剣士の名言』戸部新十郎著　廣済堂文庫／『黄門様の知恵袋』但野正弘著　国書刊行会／『武道名著復刻シリーズ14　千葉周作遺稿』体育とスポーツ出版社／『人生「耳より」日記　松浦静山『甲子夜話』より』鈴村進著　三笠書房／『上杉鷹山のすべて』横山昭男編　新人物往来社／『人物叢書　上杉鷹山』横山昭男著　吉川弘文館／『人物叢書　池田光政』谷口澄夫著　吉川弘文館／『新訳兵法家伝書』柳生宗矩著　渡辺誠編訳　PHP研究所／『葉隠』和辻哲郎・古川哲史校訂　岩波文庫／『折りたく柴の記』新井白石著　桑原武夫訳　中央公論新社／『人物叢書　新井白石』宮崎道生著　吉川弘文館／『池田光政』倉地克直著　ミネルヴァ書房／『熊沢蕃山』宮崎道生著　新人物往来社／『人物叢書　山鹿素行』堀勇雄著　吉川弘文館／『人物叢書　本居宣長』　城福勇著　吉川弘文館／『人物叢書　松尾芭蕉』阿部喜三男著　吉川弘文館／『人物叢書　杉田玄白』　片桐一男著　吉川弘文館／『現代語訳西鶴日本永代蔵』暉峻康隆訳注　小学館／『二宮尊徳一日一言』寺田一清編　致知出版社／『徳川吉宗』大石学著　山川出版社

【第4章】『幕末金言手帳』坂本優二著　グラフ社/『幕末男たちの名言』堂門冬二著　PHP研究所/『名言で読む幕末維新の歴史』外川淳著　講談社／『龍馬の言葉』坂本優二著　ディスカヴァー・トゥエンティワン／『高杉晋作全集』上下巻　新人物往来社／『激動！幕末志士魂の名言録』オークラ出版／『氷川清話』江藤淳・松浦玲編　講談社学術文庫／『新訳　鉄舟随感録』安部正人編著　PHP研究所／『新撰組顛末記』永倉新八著　新人物往来社／『吉田松陰名語録』川口雅昭著　致知出版社／『吉田松陰一日一言』川口雅昭編　致知出版社／『二十一回猛士（吉田松陰）』ザメディアジョン／『次代への名言　政治家篇』関厚夫著　藤原書店／『次代への名言　時代の変革者篇』関厚夫著　藤原書店／『伊藤博文直話』新人物往来社／『新訳　南洲翁遺訓』松浦光修編訳　PHP研究所／『河井継之助のことば』稲川明雄著　新潟日報事業社／『省諐録』佐久間象山著　岩波書店／『大隈重信』中村尚美著　吉川弘文館／『岩崎弥太郎』立石優著　PHP研究所

【特集他】『名言』「座右の銘」研究会編　里文出版／『一日一名言』関厚夫著　新潮新書／『現代語訳　学問のすすめ』斎藤孝訳　ちくま新書／『藤堂高虎公と遺訓二百ヶ条』公益財団法人伊賀文化産業協会／『手紙から読み解く戦国武将意外な真実』吉本健二著　学習研究社／『戦国武将の手紙』二木謙一著　角川ソフィア文庫／『日本の名僧名言集』武田鏡村著　講談社／『関ケ原合戦始末記』坂本徳一訳　原本現代訳31　教育社／『城と姫　泣ける！戦国秘話』楠戸義昭著　新人物往来社／『日本史有名人の名言120』新人物文庫／『名言・名句が語る人物日本史』主婦と生活社／『日本史の名言・名セリフ224』別冊歴史読本92　新人物往来社／『名セリフ日本史』駿々堂出版

●著者紹介　髙橋 伸幸

［たかはし のぶゆき］
歴史探偵家。株式会社知楽の代表取締役。出版社ベストセラーズにおいて雑誌『ザ・ベストマガジン special』の創刊をはじめとして、中高生向けのファッション誌『ストリート JACK』、新感覚のエンターテインメント歴史雑誌『歴史人』、男性向け料理情報誌『男子食堂』などの新媒体を創刊編集長として次々立ち上げる。中高年向けの情報誌『一個人』も 13 年間兼任。副社長を経て、2015 年独立。歴史とシニアに関する媒体を制作。特に歴史のテーマに関しては、歴史探偵家として現場取材を行っている。著書に『戦国武将と念持仏』（KADOKAWA）がある。Twitter：@takahashinob で日々「武将の名言」を 1000 回以上更新中。

●デザイン ―― 佐々木容子（カラノキデザイン制作室） 川又美智了
●写真提供 ―― iStock/Getty Images 奥村暢欣
●編集協力 ―― 株式会社知楽

人生《じんせい》を決断《けつだん》する！
武将《ぶしょう》＜サムライ＞の言葉《ことば》1000

2016 年 3 月 10 日発行 第 1 版
●著　者 ―― 髙橋 伸幸［たかはし のぶゆき］
●発行者 ―― 若松 和紀
●発行所 ―― 株式会社西東社《せいとうしゃ》
〒 113-0034 東京都文京区湯島 2-3-13
営業部：TEL（03）5800-3120　FAX（03）5800-3128
編集部：TEL（03）5800-3121　FAX（03）5800-3125
URL：http://www.seitosha.co.jp/

ISBN978-4-7916-2457-7